인도 신학과의 만남

인도 신학과의 만남

2022년 4월 30일 처음 펴냄

지은이 박운조
펴낸이 김영호
펴낸곳 도서출판 동연
등 록 제1-1383호(1992. 6. 12)
주 소 (03962) 서울시 마포구 월드컵로 163-3
전 화 (02)335-2630
전 송 (02)335-2640
이메일 yh4321@gmail.com

ISBN 978-89-6447-771-7 03230

인도 신학과의 만남

박운조 지음

동연

추 천 의 글

　모든 신학은 상황신학이다. 복음은 진공 상태에 던져진 완제품
이 아니다. 복음은 동일한 제품을 기계적으로 찍어 내어 사고팔
수 있는 모조품이 아니다. 복음은 언제나 다양한 생의 지평들이
교차하는 상황 속으로 새롭게 찾아온다. 말씀이 육신이 되어 세상
에 오셨다는 성육신적 소통의 선언은 그 안에 지속적으로 변화하
는 상황이 부여하는 끊임없는 해석학적 과제를 담고 있다.

　예수 그리스도의 제자공동체로부터 오늘의 한국교회에 이르기
까지, 세계의 모든 그리스도인 공동체는 각자의 역사적, 사회정치
적, 종교문화적, 개인적 삶의 토양 속에서 복음의 의미를 재해석하
면서, 그리스도인으로서 자신들의 정체성을 재구성해왔다.

　초기 기독교는 로마 황제의 박해를 경험하면서 '순교적 증언자'
라는 정체성을 추구했다. 콘스탄틴 대제 이후, 기독교가 로마의 국
교가 되어 제도화의 길을 걷던 시기에는 회개와 갱신을 위한 '수도
사'라는 정체성을 발전시켰다. 이슬람 제국과 조우하며 기독교 왕
국을 위해 십자군 전쟁을 하던 시기에는 '그리스도의 군사'라는 정
체성을 추구했다. 서구 기독교 제국이 국기를 앞세우고 비서구 세

계를 향해 식민지를 확장하던 시기에는 '선교사'라는 정체성이 선구적 역할을 했다. 역사적 지리적 서구 식민주의 해체기 이후 현재까지는 '대화'의 패러다임이 주를 이루며 다양한 정체성이 모색되고 있다. 이 과정에는 우리가 기독교의 이름으로 만나는 다양한 세계의 종교와 문화에 대해 어떤 태도를 유지할 것인가에 대한 신학적 정치적 도전이 함께 자리 잡고 있다. 우리는 이 도전 앞에 직면하여 "예수 그리스도는 누구인가", "복음은 무엇인가", "그리스도인은 누구인가"라는 질문을 던지며, 증인으로, 새로운 피조물로, 그리스도의 군사로, 선교사로, 대화자로 변화하는 상황에 책임적으로 응답하며 우리의 정체성을 추구해가야 한다.

『인도 신학과의 만남』은 이 질문들에 답하기 위하여, M. M. 토마스의 삶과 사역 속에 담긴 예수 그리스도의 복음에 대한 이해를 해석의 렌즈로 활용한다. 이 책에는 서구 식민지 시대와 식민지 이후 시대의 역사적 소용돌이 속에서 아시아와 세계 에큐메니칼운동에 탁월한 지도력과 신학적 혜안을 제공했던 인도 교회의 핵심적 지도자인 M. M. 토마스의 삶과 사역 그리고 그의 상황 신학적 성찰이 오늘 우리의 삶의 자리에서 제기되는 질문에 답하기 위한 해석학적 준거로 제공되고 있다. 인도가 지니는 다원적 종교문화 상황은 이제 세계화의 과정을 통해 우리 모두의 삶의 환경이 되었다. 서구는 더 이상 구원을 베푸는 하나의 유일한 제도종교로 기독교를 내세울 수 있는 기독교 왕국(Christendom)이 아니다. 변화된 서구의 상황 속에서 구 식민지의 다양한 종교인들이 평범한 일상의 이웃이 되어 자신들의 종교를 발전시켜 가면서 상호교섭하고 있다. 우리는 이제 구원과 해방을 향해 가는 길 위에서 서로 다른 다양한 길을 따라 이동하는 우리의 이웃들을 일상의 삶 속에서 만나고 있다.

이제 세계화된 종교문화의 현실을 살아가고 있는 우리 기독교인들은 변화하는 역사적 상황 속에서, 당대의 기독교인들이 그러했던 것처럼 이웃 종교의 신앙과 시대의 이념들과 소통하며 "예수는 누구인가, 복음은 무엇인가, 그리스도인은 누구인가"라는 신학적 존재론적 질문에 답하는 과정을 추구해야 한다. 이 과정에서 서로 다른 길을 걸어 우리의 이웃이 된 종교들의 특수성이 지닌 다름과 차이를, 기독교의 구원과 해방의 길을 변증하기 위한 영적 갈등과 제도적 경쟁으로 드러내기보다는, 그 속에 담긴 인류의 보편적 평화 의지에 대한 인식과 실천을 찾고 공감하는 것이 중요하다. 여기에는 기독교가 이 세상의 구원과 해방을 위해 이웃 종교들과 세계 시민사회와 공유할 수 있는 신학적 인식과 실천 방안이 무엇인지를 찾아내는 보편화 작업이 동반된다.

이 과정에서 우리에게 던져지는 수많은 질문 속에 담긴 비본질적 요소들을 비판적으로 성찰할 수 있는 다양한 '의심의 해석학'의 기제가 필요하다. 『인도 신학과의 만남』은 우리의 이 같은 신학적,

신앙적 순례의 여정이 무위로 끝나지 않고, 구원과 해방을 위한 정행(Ortho-Praxis)으로 열매 맺도록 하는 향도 역할을 하고 있다. 신학하는 공동체의 일원인 모든 그리스도인에게 일독을 권한다.

2022년 3월
NCCK 총무 이홍정 목사

머 리 말

 이 책은 필자가 미국에서 석사과정(Master of Theology) 중에 쓴 논문의 번역본이다(원제: Christology of M. M. Thomas). 인도 신학자인 토마스를 조명한 글이기에 이 책 속엔 인도에 대한 언급이 많고, 인도 사상가들의 주장을 많이 다룬다. 그래서 이 책에는 토마스가 활동했던 20세기 인도의 시대적 상황과 인도 철학의 전문 용어들이 자주 등장한다. 하지만 단지 인도의 상황뿐만 아니라, 다양한 사상과 견해를 자유롭게 표현하는 현대 한국의 상황에도 이 책은 상당히 유익한 통찰을 제공하리라고 생각한다.

 여태까지 한국교회에서 선포된 수 없이 많은 훌륭한 설교들과 대다수의 목회자들이 잘 인지하고 있는 전통적인 조직신학은 예수 그리스도를 체계적이고 심도 있게 한국의 그리스도인들에게 전달되었다고 믿는다. 하지만 시대와 문화는 계속해서 바뀐다. 정체된 신앙은 세상을 변화시키는 원동력을 자칫 잃어버릴 수 있기에 시대적 변화에 맞추어 기독교인의 신앙도 재정립할 필요가 있다. 그리스도인들이 가지고 있는 스스로의 신앙에 대한 논증적 빈곤을 벗어나지 못한다면 기독교 신앙은 교회 안의 안정된 입장만을 확보하여 교회 밖의 상황, 즉 세상과 교회의 갈등, 교회를 벗어난 세상 속 각 개인의 고통, 세상 공동체들이 겪는 억눌림 그리고 그들과 교회와의 간격을 묵인하기 쉽다. 이런 맥락에서 이 책은 한국 기독교인들에게 다원주의적, 혹은 세속주의적인 현시대의 상황과 정서에 맞춰 재정립된 예수 그리스도를 세상에 보다 설득력 있게 선포할 수 있도록 도울 것이다.

이 책은 무엇을 위한 책인가?

이 책은 힌두교인들이 인지하고 있는 예수의 정체성을 많이 다룬다. 하지만 특정 종교를 신봉하는 사람이 아니더라도 예수에 대한 개념을 나름대로 가지고 살아가는 비기독교인은 우리 주변에 많이 있다. 무신론자이지만 누군가는 예수를 뛰어난 '도덕 선생'으로 인지하고 있고, 토속신앙을 가지고 있는 누군가는 예수를 역사 속에 실존했던 신비주의자 정도로 인지하고 있을 수 있다. 필자의 학창 시절, 한 교과서에서 예수를 세계 성인 중 한 명으로 배운 기억이 있다. 교회를 다니지 않는 사람이라 할지라도 예수라는 인물에 대해서 대부분의 사람들은 어느 정도 지식이 있다는 말이다. 그렇다면 이러한 여러 가지 예수에 대한 개념에 대해 그리스도인은 어떻게 응답을 해야 할까?

안타깝게도 많은 그리스도인이 예수 그리스도에 대한 정돈된 지식이 없는 것이 현실이다. 혹은 예수가 누구인지 많은 설교를 통해 들어온 '수동적 지식'은 있을지언정, 그들이 살아가는 문화와 시대적 정서에 비춰서 종교적 혹은 세속적 대화의 파트너들에게 호소할만한 지식은 없을 가능성이 크다. 교회 내에서의 담론에는 익숙할지라도 타 종교인들이나 무신론자들과 예수에 대한 변증적 대화를 하기가 버거울 것이라는 말이다. 이를 "평신도여서 괜찮다"라는 식으로 단순하게 치부할 문제가 아니다. 왜냐하면 이러한 상태는 예수를 모르는 사람들에게 예수에 대해 할 말이 없다는 것과 같은 말이기 때문이다.

기독교 신앙의 중심에 있는 질문은 다음과 같다. "예수는 진정 누구인가?", "인생에 가장 중요한 종교적 신념이 다른 이들과 우리 그리스도인들은 서로 어떻게 관계를 맺으며 살아가야 할까?" 이런 질문들에 대한 답을 이 책을 통해 조금이나마 찾을 수 있기를 바란다.

2022년 3월
박운조

차 례

일러두기

1. 온전히 한글로 번역하기 어렵거나, 한글의 의미에 혼동이 있을 경우 한글 옆에 영어를 함께 표기하였다.

2. 본서의 1장부터 3장에서 나오는 "현대" 혹은 "이 시대"라는 단어는 1900년대인 20세기를 가리킨다. 본서의 대부분은 20세기 신학자였던 토마스의 주장을 담고 있기 때문이다. 하지만 필자의 개인적 견해와 평가가 들어간 마지막 장인 4장에서 말하는 "현대"는 지금 우리가 살아가고 있는 이 시대를 의미한다.

3. 본서는 신앙의 메시지를 전달하는 기독교 내부적 담론이 아닌 다른 종교의 신앙을 아우르는 논의이기 때문에 4장을 제외하곤 신앙적 측면을 강조하는 "그리스도인"이라는 용어보다 종교성을 부각하는 "기독교인"이라는 용어를 주로 사용한다.

4. 본서의 앞부분에서는 기독교인들을 가리켜 "그들"이라고 기술하였다. 책 내용의 객관성을 유지하기 위해 의도적으로 "우리"라는 단어를 피했다. 하지만 4장은 필자의 개인적 논평이기 때문에 "우리"라는 단어를 사용한다.

5. 본서의 많은 부분, 특히 2장에서 신힌두교(Neo-Hinduism)에 대한 언급이 많이 나온다. 신힌두교는 19세기에서 20세기까지 인도에서 활발히 진행되던 힌두교의 르네상스 운동을 가리키는 용어이다. 변화하는 시대에 발맞추어 국가적으로 이루어진 힌두교의 종교적, 사회적, 윤리적 갱생 운동이었고, 이에 따라 많은 힌두교 사상가들이 힌두교의 가치를 재정립하여 세계에 널리 알리려 하였다.

6. 영어 'Humanity'라는 단어는 '인간성,' 혹은 '인류애'와 같은 단어로 번역될 수 있을 것이다. 하지만 한글로 '인간성'이라 표기할 경우, 단순히 '인간됨'이나 보편적인 '인성'을 의미할 가능성이 있다. 이 책에 나오는 '휴머니티'는 인간이란 어떠해야 마땅한가에 대한 철학적 사조이고, '인간다움'을 존중하는 넓은 범위의 사상적, 정신적 세계관이다. 이런 맥락에서 한글 '인간성'이라는 단어는 영어의 그 단어가 가지고 있는 의미를 충분하게 전달하지 못한다고 생각한다. 그래서 이 책에선 영어 단어 'Humanity' 혹은 'Humanism'을 대부분 그대로 "휴머니티" 혹은 "휴머니즘"이라 한글로 표기하였고, 문맥에 따라서는 간혹 인간애 혹은 인간성으로 나타내었다.

I장 • 인도로 가는 길

1. 왜 그리스도를 말해야 하는가?

2000년 전 기독교가 태동할 당시, 기독교는 이 땅의 유일한 종교가 아니었다. 기독교는 종교적 진공 상태가 아닌 '살아 있는 종교들의 세계' 안에서 시작되었다. 그러기에 초대 교회의 교인들은 어딜 가든지 이미 존재하고 있는 많은 종교적 전통과 관습들 그리고 철학들과 마주칠 수밖에 없었다. 이런 상황을 고려한다면, 초대 기독교인들의 복음적 사명은 분명 시대적으로 단순한 문제가 아니었다. 그들의 사명은 다른 종교 전통들과 타 종교 신앙의 모습들에 대해 책임 있는 기독교인으로서 피할 수 없는 신앙적 응답이었기 때문이다. 그래서 그들은 그들의 사명을 명확하게 할 필요가 있었다. 그리고 그들의 사명, 즉 그들의 신앙의 중심에는 **예수 그리스도**

는 **누구인가**에 대한 답이 있었다.

그렇다면 현대 기독교인들의 사명은 무엇일까? 초대 교인들의 그것과 다를까? 당연히 현대 기독교인들이 지니고 있는 신앙적 과업은 초대 교인들의 그것과 다르지 않다. 왜냐하면 그리스도에 대한 이해, 즉 그리스도론은 언제나 기독교 전통의 자기인식(self-understanding)에 대해 핵심이었기 때문이다. 따라서 현시대의 기독교인들도 초대 기독교인들처럼 타 종교의 신앙과 세상 속에서 표류하고 있는 이념들에 대한 이해의 범위를 증진하면서, "예수는 누구인가"에 대해 반드시 명확히 이해해야 한다.

종교 다원주의

오늘날 다양한 종교적 현상들은 전 세계에 걸쳐 존재한다. 2011년 기준, 4백만 명 이상의 불교 신자들이 유럽에 살고 있고, 2016년 기준으로 350만 명 정도의 무슬림들이 미국에 살고 있다. 그리고 2천 8백만 명의 기독교인들은 9억 6천 6백만 명의 힌두교인들과 함께 인도에 살고 있다. 또한 세계의 많은 큰 도시들에 힌두교, 불교, 무슬림, 기독교 등 다양하고 많은 종교 커뮤니티들이 공존하고 있다. 수많은 해외 이주자들과 유학생들, 해외 강사들 그리고 국제기관들과 연관 있는 사람들이 전 세계에 퍼져 있다. 서로 다른 수많은 종교 단체의 사람들이 함께 같은 도시에 살고, 공적인 삶을 서로 나누고 있다.

이 모든 상황들은 종교의 다양성이 단지 우리 삶의 모퉁이 구석에 동떨어진 현상이 아니란 것을 보여준다. 실제로 우리의 이웃에 존재하고 있고 불가피한 상황이자 도전이다. 국제적 교류와 교통, 통신, 매체가 눈부시게 발전한 오늘날에 비해, 과거 사람들은 이 정도 규모의 종교의 다양성을 인지하지 못했을 것이라 말해도 과언이 아니다. 우리는 광범위한 종교의 전통들이 생생하게 존재하는 전례 없는 시대에 살고 있는 것이다. 그러니 우리는 우리 스스로에게 물어야 할 것이다.

기독교 신학은 이 다양하고 다원적인 세상에 어떻게 응답을 해야 하는가?

현대 기독교인들에게 가장 논란이 되는 것은 무엇이고, 그들이 어떻게 종교적 다양성을 해석하고 다뤄야 하는가에 대한 논의는 매우 중요한 문제다. 미국 신학자인 하버드 대학의 커프만(Gordon Kaufman) 교수는 현시대의 다원주의적 상황에 대응하는 올바른 기독교 정신으로 "휴머니티"를 주장한다.

진정으로 인도적인 현대적 질서를 재건하려는 열정들은 전 세계에 걸쳐 나타나고 있다. 그것은 우리가 기독교인이든 불교인이든 미국

인이든 소위 제 3세계인들이든, 이 세상의 근본적인 불안 속에 내제되어 있는 우리 시대의 굉장한 열망이다. … 세상의 모든 공동체를 위해 새롭고 더 인간적인 세상을 어떻게 만들어야 할까? 이것은 우리 기독교인들에게 가장 중요한 질문이다.[1]

커프만 교수에게 기독교 신학은 종교를 초월하는 휴머니즘을 이루는 것에 이바지하는 것이다. 그러한 휴머니즘을 위해서 커프만 교수 외에도 많은 기독교 리더들은 '공유된 해방적 방식'(shared liberative praxis)을 주장한다. 구체적으로 이 방식은 고통, 억압, 굶주림, 이 외 수많은 인간의 비극들을 끝내기 위해 각기 다른 종교들이 함께 노력하는 인도적 방식을 의미한다. 이러한 주장을 하는 기독교 신학자 중 한 명인 힉(John Hick)은 다음과 같이 말한다. "세상의 각각 다른 종교들은 신에 대한 그들의 분명한 개념을 통해 궁극적으로 같은 신(the Reality)을 바라보고 있다고 추정하는 나의 이성적 사고는 서로 다른 종교 전통들 안에서 묘사된 구원되고, 계몽되고, 깨우쳐지고, 해방되어지는 인간의 상태와 부합한다."[2]
힉의 다원주의적 신념과 다른 종교들의 궁극적 목적 사이의 이

1 Gordon D. Kaufman, *The Theological Imagination: Constructing the Concept of God* (Philadelphia: Westminster Press, 1981), 181.
2 John Hick, *A Christian Theology of Religions: The Rainbow of Faiths* (Louisville: Westminster John Knox, 1995), 69.

런 유사성은 구원의 조건 혹은 구원받는 상태에 대해 동일한 원천이 있다고 말하는 것이다. 확실히 기독교 신앙은 세상의 정의와 평화에 대해 책임을 가지고 있고, 그 책임을 다른 종교들과 함께 공유해야 한다. 기독교를 포함한 대부분의 세상 종교들은 휴머니즘에 관심이 있고, 그럴만한 각자의 당위가 있다. 의심의 여지 없이, 기독교인들은 전 세계적 차원에서 마주한 많은 문제들을 해결하기 위해 다른 신앙의 종교 지도자들과 함께 일해야 할 것이다.

그럼에도 불구하고 머릿속에서 지워지지 않는 여러 질문들이 남는다. 구체적으로 어떤 방식으로 기독교인은 사랑, 정의, 평화와 같은 인간 세상의 인도적 개선에 참여할 수 있는가? 우리의 사회를 보다 정의롭고 평화롭게 만들기 위한 기독교인의 명확한 기준은 무엇인가? 힉이 말하는 "궁극적으로 같은 신"과 같은 하나님에 대한 모호한 개념을 꼭 고수해야만 다른 종교인들과 더불어 평화롭게 살아갈 수 있는 건가? 타 종교 신자들에 대한 편견 없이 기독교인들이 그들의 정돈되고 일관된 고백인 예수 그리스도의 궁극성을 주장하는 것은 전혀 불가능한 것인가?

다원적인 현시대의 상황에서 인류 전체를 위한 적절한 태도는 인간은 사회적 존재라는 인식과 함께 범인류적으로 협력과 공생의 가능성을 탐색해 가는 것일 수도 있다. 하지만 동시에, 기독교인의 핵심적 과업은 하나님의 계시인 예수 그리스도를 향한 그들의 궁극적인 헌신으로부터 이런 다원적 상황들, 특히 그들이 일상의 삶에서 마주하는 종교적이고 이념적인 다원주의를 해석해 내는 것이다. 왜냐하면 기독교인들은 하나님이 예수 그리스도 안에서 자신을 진정으로 계시했다고 믿기 때문이고, 이런 하나님의 계시는 기독교 신앙 그 자체이기 때문이다. 그러므로 타 종교 사람들과의 관계를 위한 출발점으로서 예수 그리스도의 궁극성을 상정하는 것은 기독교인들에겐 지극히 타당하다.

과도기에 있는 그리스도론

모든 시대 속 기독교인들은 예수에 대한 이해와 지식을 역사의 요구에 따라 재구성해야만 했다. 이 말은 그리스도에 대한 이해와 지식이 세상에서 일어나는 변화들에 의해 결정된다는 뜻이 절대로 아니다. 그리스도에 대한 이해가 역사의 흐름에 따라 재구성되어야 한다는 말은 그리스도에 대한 교회의 해석과 기독교인의 사역들이 시대에 따라 변화된 삶의 모습과 양식 속에서 의미 있게 이해되고, 각 시대 속에서 제기된 예수에 대한 질문들이 시대적 문맥에 맞게 다뤄진다는 것을 의미한다. 사실 여러 타 종교의 신앙에 대한 교회의 접근은 이런 역사적 변천에 의해 꾸준히 영향을 받아 왔다.

전통적으로 기독교인들은 배타적 용어로 그리스도의 중심성을 강조하는 경향이 있었다. 안타깝게도 때로는 타 종교 신앙을 향해 공격적이고 폭력적으로 맞서며 예수의 유일성을 주장하기도 하였다. 그에 대한 반작용으로 몇몇 신학자들은 다른 종교 신자들을 향한 구원자 예수의 기독교 신앙을 재정립하려 노력하였다. 이런 신학적 재정립에 따라, 토마스(M. M. Thomas)는 오늘날의 다원주의적 상황 안에서 새로운 그리스도론을 정립할 수 있는 통찰력 제공했다.

다른 종교들의 신앙과 기독교 신앙을 함께 논한다는 것은 분명 상당한 위험 부담이 있다. 이런 시도는 예수를 믿는 신앙을 위해 예수를 위태롭게 하는 시도(Risking Christ for Christ's Sake)[3]이고, 그에 대한 각오라고 볼 수 있다. 그리스도론은 타 종교들의 신앙뿐만 아니라 여러 세속적 철학들과의 관계에도 그 범위와 기회를 증진시키면서 현시대에 제기되는 사회적, 문화적 질문들과 씨름하고 있는 이 시대의 기독교인들에게 큰 도전을 주고, 기독교인들의 신앙을 더욱 단단하고 풍성하게 만들기 위해서 반드시 다뤄져야 하는 신학이다. 만약 기독교인들이 각자의 삶 속에서 다양한 모습으로 다른 종교의 사람들과 진솔한 관계를 맺고 있다면, 필연적으로 공공의 휴머니즘을 위한 특정 원리가 있어야 할 것이다. 토마스는 전통적인 그리스도론을 재정립하면서 그런 원리를 만들기 위해 노력한 신학자였다.

사무엘(George Samuel)이라는 학자는 토마스에 대한 그의 논문에서 이렇게 말한 바 있다. "토마스에게 인간의 존재에 대해 독특

---

3 토마스의 저서 중 한 책의 제목.

한 문화 안에서 현현된 그리스도의 중요성은 인류의 삶에서 지속되는 비인간성, 분열, 타락에 대항하여 이해되어 진다. 또한 토마스가 하나님의 앎에 대한 그리고 인간의 상황에 대한 토대로써 예수 그리스도의 휴머니즘을 깊이 있게 이해하고 있다는 것에도 의심의 여지가 없다."[4] 쉽게 말하자면, 토마스는 그리스도를 인류가 존재의 의미를 찾아가는 공동의 여정을 위해 함께 모이는 중심지로서 바라보고 있는 것이다. 물론 토마스는 그의 저술 중에 그 어디에도 그리스도론에 대한 그의 논점을 체계적으로 정리하여 서술하지 않았다. 하지만 삶의 의미를 찾으려 투쟁하는 당시 인도인들의 상황을 충분히 공감하고 예수 그리스도의 정체성에 대한 그들의 숙고를 진지하게 다루면서, 예수 그리스도가 다원적인 인도 사회 안에서 어떻게 독특성을 얻게 되는지 그의 저술 여러 군데에서 그리스도에 대한 그의 관점을 상세히 기록하였다. 결국 토마스가 하고자 했던 것은 인간이 본질적으로 가지고 있는 "영성"에 대한 중요성을 견지하며 그리스도를 중심으로 인간 사회의 공동체들이 서로 함께 모여 공동의 목표를 향해 나아가기 위한 토대를 만들고자 했던 것이다.

---

4 George Samuel, "*The Prospects and the Challenges of Ecclesiology in the Contemporary Indian Context with Special Reference to the Theology of M. M. Thomas,*" Ph.D diss, The Lutheran School of Theology at Chicago, Chicago, June 2002, 224.

예수 중심주의

그리스도론의 측면 중에 중요한 것이 하나 있다. 분명한 목적이 있고 생산적인 그리스도론을 위한 연구라고 불리는 '예수중심주의'(Christocentrism)가 바로 그것이다. 예수중심주의를 살펴보기 전에 우선 '신중심주의'(Theocentrism)를 살펴보는 것이 좋겠다. 일반적으로 신중심주의의 개념은 특정 신앙이나 종교 전통이 다른 종교들의 신앙에 대해 유일한 규범이 될 수 없다는 것이다. 이런 주장을 지지하는 자들은 기독교 신앙을 포함한 모든 종교 신앙들 각각의 독특성을 인정하고, 동시에 모든 종교 신앙들이 그리스도 하고 깊이 관련된다고 주장한다.5 인도 신학자인 사마르타(Stanley J. Samartha)는 신중심주의의 지지자 중에서 매우 주목할 만한 인물이다. 그는 다음과 같이 말한다.

> 우리가 종종 간과하는 그리스도의 주권(Lordship)에 대한 진정한 사실은 신약성서 저자들의 증언이 예수중심적임에도 불구하고 예수 그리스도 자신은 신중심적이었다는 것이다. 예수는 때로 하나님을 "아버지"로써 말하곤 했다. 그가 '다른 자들을 위한 사람'(the man for

---

5 Bob Robinson, *Christians Meeting Hindus: An Analysis and Theological Critique of the Hindu-Christian Encounter in India* (Eugene: Wipf and Stock Publishers, 2004), 244.

others)으로 묘사되기 전까지, 예수는 단지 하나님과 함께 있는 한 인간이었고, 또한 하나님을 위한 인간이었다. 물론 성경에는 그가 스스로 하나님과 동일시하는 구절들이 있기는 하다. 이를테면, "나와 아버지는 하나이니라"(요 10:30). 그러나 예수는 또한 이렇게도 말했음을 잊어서는 안 된다. "아버지는 나보다 크심이라"(요 14:28b).[6]

사마르타는 예수가 스스로 신중심적이었다는 복음서의 내용들을 통해 예수중심주의에 대해 비판적인 견해를 밝힌다. 그리고 그는 기독교인들이 예수가 한 초월적인 신을 가리켰다는 것에 주목하기를 바란다. 다시 말해, 사마르타는 기독교인들에게 기독교를 포함한 세상의 모든 종교들 중에서 그 어떤 종교도 해당 종교의 특수성을 보편적으로 주장할 수 없다는 것을 인정하길 요구하는 것이다.[7] 하지만 이런 그럴듯한 주장에도 불구하고 신중심적 신학은 여러 가지 이유로 비판을 받을 소지가 다분히 있다.

첫째, 신중심주의자들은 그리스도를 가리키지 않으면서 어떻게 그리고 무슨 확신을 가지고 하나님의 지식, 사랑, 정의에 대해 주장할 수 있는지 파악하기가 매우 어렵다. 로빈슨(Bob Robinson)이라는 학자는 신중심주의자들을 비판하며 이렇게 말한다. "우리는 신

---

6 S. J. Samartha, *Courage for Dialogue* (Geneva: World Council of Churches, 1981), 95.
7 Bob Robinson, *Christians Meeting Hindus,* 245.

중심주의자들에게 그들의 대안적인 인식론적 출처가 어디에 있는지 물어야 한다."8 신중심주의자들은 보다 더 높은 이상(a higher ideal)을 찾기 위해 다른 종교인들과 건설적인 대화를 할 수 있는 그들의 신앙적 가치들에 대해 모호한 개념만을 상정한다. 신중심주의자들은 그들의 인식론적 사고의 근원을 구체적으로 어떠한 귀납적, 종교적 믿음에서 얻는다는 것인지 의심이 든다. 한 종교인이 최소한 잠정적으로나마 당연시되는 그의 어떤 신념에 기반을 두지 않고서는, 그가 무엇인가를 안다고 말할 수 없기 때문이다.

두 번째로, 신중심주의는 세계의 주요 종교들을 너무 순진하게 바라보고 있다. 사실 엄밀히 보면 세상의 주요 종교들 중 다수는 매우 배타적인 신학적 요소들을 가지고 있다. 많은 종교들이 그들만의 신 개념과 인생 종말에 관한 불변의 철학을 가지고 있고, 기독교의 유일신 사상이나 종말론과 같이 그 종교들과 양립할 수 없는 개념들은 단호하게 배제하기도 한다. 이러한 그들의 단호한 거부는 그들과 다른 종교들의 특수성을 진지하게 받아들이지 못하게 한다. 신중심주의자들의 순진한 기대와는 달리, 대다수의 종교들은 신중심주의자들이 말하는 신적 중심성(divine center)에 대해 동정어린 시선을 주지 않는다. 이에 대해 영국 브리스톨 대학의 드코스타(Gavin D'Costa) 교수는 이렇게 말한다.

---

8 같은 책, 248.

모든 다원주의자들은 진리의 기준에 대한 몇 가지 유형을 만들고 그 유형의 장점만을 찾아 그것에만 전념하여, 그들이 만든 유형과 문제가 생기는 그 어떤 것이든 진리로 인정하는 것에서 제외시킨다. 그래서 다원주의는 배타주의와 똑같은 논리적 구조 안에서 운용되고, 이 점에 관하여 다원주의는 절대로 종교 다원주의의 진정한 자주적 가치를 내세울 수 없게 된다.[9]

다원주의는 논리적으로 반드시 배타적 방식에 이르게 된다는 드코스타의 주장은 확실히 맞는 말이다. 다원주의자들의 '미덕'에 의해서 어떠한 종교도 규범적 진리가 될 수 없다는 그들의 주장은 결과적으로 다른 무엇도 진리가 될 수 없다고 말하는 전형적인 배타주의의 논리를 취하게 된다. 따라서 신중심주의자들의 '관대한' 태도 또한 타 종교들에 대해 그들의 주장과 태도가 아무리 매력적이고 관대해 보이더라도 배타주의의 형태로 빠질 수밖에 없다. 하지만 신중심주의와 대조적으로, 다른 종교와의 관계가 어떻게 형성되어야 하는지에 대한 또 다른 견해가 존재한다. 바로 앞서 언급했던 '예수중심주의'이다. 예수중심주의는 타 종교들을 긍정적으로 평가하면서, 동시에 신적 계시의 충만함은 오직 그리스도에만 있다고 주장한다.[10] 신에 대한 추상적인 개념이 아닌 그리스도만 상

---

9 같은 책, 251.
10 같은 책, 241.

정하는 이런 주장은 기독교 신앙을 타 종교 신앙으로 하여금 더 선명하게 이해할 수 있도록 한다. 다시 말해, 그리스도를 분명하게 선포하는 것은 기독교 신앙의 기반과 기준을 밝히는 것이고, 실제로 이는 종교들 간의 논쟁 안에서 가장 중요한 부분을 차지한다.[11]

이러한 관점에서 토마스는 타 종교의 신자들이 예수에 대한 그들의 경험에 근거하여 예수 그리스도가 가지고 있는 '인성'의 의미를 어떻게 인정하고 있는지 점검하려고 늘 노력했다. 그의 신학적 과업은 예수라는 한 '인간'과 '복음의 의미'에 대한 진리를 힌두교와 같은 타 종교의 신앙 그리고 당대의 평범한 인도인들의 현실과 관련시키는 것이었다. 그러니 토마스는 20세기에 살고 있던 모든 인도인들을 향해서 신중심주의가 말하는 '신적 중심지'라는 모호한 개념에 동조하지 않으면서 확실한 기준과 근거가 있는 예수중심주의를 주장하였다. 그는 이렇게 말했다. "세상을 향한 하나님 존재의 계시로서, 고통받는 인류와 동일시되는 하나님 마음의 계시로서 그리고 진정한 휴머니즘의 모범으로서, 한 개인 예수의 삶에 대한 이해들은 19세기와 20세기의 힌두 르네상스 시대 속에서 지배적인 영적 소요였다."[12] 토마스에게는 예수 그리스도를 당시 인

---

11 같은 책, 252.

12 M. M. Thomas, "A Christ-Centered Humanist Approach to Other Religions in the Indian Pluralistic Context," in Gavin D'Costa, ed., *Christian Uniqueness Reconsidered* (Maryknoll, N.Y.: Orbis Books, 1997), 53.

도인들의 정신 한가운데에 위치시키는 것이 진정한 휴머니즘을 성취하기 위해 가장 중요한 작업이었던 것이다.

2. 인도의 상황

인도의 독특한 사회 구조

현대의 인도 상황을 이해하기 위해서는 인도의 사회 구조를 우선 살펴봐야 한다. 인도의 사회 구조는 여러 민족과 언어들이 독특하게 혼합되어 있고 다양한 문화들이 생동감 있게 혼재되어 있다. 인도의 이런 사회적, 문화적 다양성은 각양각색의 종교적 의식과 문화적 관습들, 경제적 발전의 거대한 격차, 이러한 다중성 안에서 제대로 인식될 수 있다. 또한 인도에는 17개의 주요 언어들이 있고 그 외에 수많은 방언과 토착어들도 있다. 이렇게 많은 수의 언어와 더불어 민족적 다양성 그리고 그에 따른 특유의 인본주의 감성을 가진 10억 이상의 인구가 살고 있는 인도 땅은 2만 2천 개의 지구로 나뉘어 있다.[13]

위의 상황에서 보듯, 인도는 획일적 삶의 양식을 가지고 살아가

---

13 George Samuel, "*The Prospects and the Challenges of ecclesiology*," 2.

는 단일 사회가 아니다. 그럼에도 불구하고 인도 사회는 공동의 인간 존재(shared human existence)를 기반으로 하여 각각의 차이들이 거리낌 없이 받아들여지는 다양성 안에서 연합을 유지한다. 인도의 이런 독특한 다양성을 고려해보았을 때, 수용성이라는 인도의 민족적, 문화적 유산은 기독교와 같이 외부에서 들어온 종교들을 향한 그들만의 관용 정신에 의해 이해될 수 있을 것이다.

인도 사회가 관용의 정신과 같은 긍정적인 요소들을 가지고 있다 하더라도, 불행히도 인도 사회 안에는 심각한 문제들이 존재한다. 권력의 정당화, 사회 안의 특정 그룹들이 가지고 있는 무소불위의 특권 그리고 하층 계급을 부당하게 착취하는 관습들을 무시하는 사회적 무관심이 바로 그것들이다. 그리고 이 모든 문제들은 인도의 뿌리 깊은 문화인 '카스트제도'와 직접적으로 관련이 있다. 그래서 인도 사회를 이해하려면 필연적으로 카스트제도를 이해해야 한다. 우선 '카스트'라는 용어는 개념적으로 4중의 분할을 의미한다. 이런 사회적 분할은 힌두어로 '바르나'(varna)라고 부른다. 바르나는 특정한 사회 직업과 더불어 그 직업군에 따르는 엄청난 특권을 나타낸다. 바르나의 네 종류를 보자면, 브라만(사제와 스승), 크샤트리야(통치자와 군인), 바이샤(상인) 그리고 슈드라(하인과 노예)가 있다. 그리고 이 네 가지 종류에 포함되지 않고 인도 사회에서 배제되어 있는 2억 2천만 명의 달릿(Dalit)이라 불리는 불가촉천민이 있다.

그러나 실제 인도의 역사적, 문화적 맥락 안에서 카스트라는 단어는 '바르나'뿐만 아니라 '자티'(jati)의 개념도 가지고 있다. 인도의 연합신학교(United Theological College)에서 기독교 윤리를 가르치고 있는 페니엘 라쿠마르(Peniel Rajkumar)는 "카스트의 또 다른 용어인 자티(Jati)는 주로 지역에 국한되거나 최소한 공통적인 지역적 기반을 가지고 있는 동족 혼인 그룹들을 지칭한다"라고 말한다.[14] 라쿠마르의 말을 고려하면, 인도인들은 공통된 출신과 태생을 상당히 중요하게 여기면서 사회적 조화를 지켜간다고 볼 수 있다. 그러므로 인도 사회의 일상에서 카스트의 가장 중요한 요점은 단순한 직업의 구분인 바르나보다 출신과 태생을 의미하는 자티라고 보는 것이 더 타당하다.

인도의 엄격한 사회 제도인 카스트를 비추어 볼 때, 앞서 언급한 '달릿'이라 불리는 사람들은 기독교적 관점에서 반드시 다뤄져야 한다. 달릿은 오랜 세기 동안 인도의 가혹한 사회 제도 속에서 명확히 규정되지 않은 위치에 존재해 온 공동체이다. 그들은 4중의 바르나 시스템에 속하지 않는 공동체이고, 그러기에 인도 사회 내에서 그들의 처지는 바르나에서 가장 아래에 있는 슈드라(하인 또는 노예)보다 더욱 열등하게 여겨진다. 물론 현대에는 변화한 도시들을 중심으로 위와 같은 개념이 많이 희석되었지만, 전통적으

---

14 Peniel Rajkumar, *Dalit Theology and Dalit Liberation: Problems, Paradigms and Possibilities* (Burlington: Ashgate Publishing Company, 2010), 4.

로 인도인들은 한 명의 달릿이 반경 22m의 모든 것을 오염시킨다고 믿어왔다. 그래서 실제로 현대에도 달릿 공동체를 일반인들이 사는 마을에 접근조차 못 하게 하는 사례가 빈번하다. 인도인들의 인식 속에 있는 달릿의 이러한 상태, 즉 달릿의 '항구적으로 오염된 상태' 때문에 달릿 공동체는 일반 인도인들의 마을 밖에서 주로 사람의 배설물을 치우거나 죽은 동물시체를 처리하는 일을 하고 있다.[15] 달릿 사람들은 인도 사회의 가장 밑바닥에 있는 "부서진 사람들"—'달릿'의 문자 그대로의 의미—인 것이다.

국제적인 비정부 기관인 'Human Rights Watch'의 한 보고서에 따르면, "달릿 사람들은 일반인의 땅에 접근하는 것을 거부당하고, 모멸적인 상태에서 일하도록 강요당하고, 경찰들의 손과 나라의 보호를 받는 높은 계급의 그룹에 의해 일상 안에서 학대당해 오면서 수없이 많은 차별을 당해왔다. 전 인도 지역에 걸쳐 '은밀한 아파르타이드'[16]가 카스트제도에 의해 여전히 남아 있다"라고 보고한다.[17] 이 보고서는 이 시대에도 달릿 사람들이 그들 마을에 있는 지역적 자티(jati) 제도 안에서 혹여 수용되더라도 뿌리 깊은 인도인들의 달릿에 대한 인식에 의해 결국 차별을 당한다는 것을 보여

---

15 같은 책, 15.

16 아파르타이드(Apartheid)는 남아프리카에 1948년부터 1990년대 초까지 존재했던 제도화된 인종 차별 정책이다.

17 *Broken People: Caste Violence Against India's 'Untouchables'* (Human Rights Watch Report) (New York: Human Rights Watch, 1999), 1.

준다. 이러한 인도의 상황과 사회 구조 속에서 토마스는 달릿을 포함한 당대 인도 사회를 위한 정의의 이상적인 형태로써 그리스도 복음의 영향을 인지하였다.

영국의 식민주의

현대의 인도 상황에 큰 영향을 준 또 다른 요소는 영국의 식민주의다. 인도의 현재 모습 속에서 유의미한 그리스도론을 만들어내기 위해서는 영국의 식민주의를 간과할 수 없다. 왜냐하면 영국 식민지 시대의 예수에 대한 복음은 인도 사회 안에서 인도인들을 문명화시키고 기독교인으로 만들려는 목표를 가지고 영국 식민지 개척자들과 함께 수행되었기 때문이다.[18] 따라서 당시 인도인들에게 기독교를 받아들인다는 것은 영국 선교사들이 강요한 '외국 종교'에 그들의 종교적 신앙을 넘겨주면서 영국 식민지 힘에 굴복한다는 행위로 간주 되었다.

인도의 소중한 종교적, 문화적 가치들을 제거한 영국 식민주의의 수많은 유해한 결과들에도 불구하고, 영국의 복음주의자들은 인도라는 나라의 역사 안에 있는 하나님의 가시적인 임재를 믿었

---

18 Jacob S. Dharmaraj, *Colonialism and Christian Mission: Postcolonial Reflections* (India, Delhi: the Indian Society for Promoting Christian Knowledge, 1993), 11.

기에 그들은 그들의 선교활동을 "인도 사람들을 기독교로 개종시키고, 종교개혁 시기에 유럽인들이 경험했던 것과 비슷한 종교적 혁명을 통해서 인도인들을 기독교 신앙으로 이끄는 그들의 책임"으로 여겼다.[19] 토마스는 19세기 초 영국 제국주의의 후원 아래 서양 기독교의 선교가 정의와 사랑의 인간 공동체라는 목표를 지향하면서 인도인들을 역사의 활력에 대한 새로운 의식으로 계몽하는 것에 어느 정도 역할을 했다고 인정한다.[20]

하지만 일부 영국 복음주의 선교사들이 인도 사람들에게 좋은 의도와 선한 마음을 가지고 있었다는 사실에도 불구하고, 영국의 제국주의자들이 인도인들의 개종에 관심이 있었다고 보기는 어렵다. 영국 제국주의자들의 주된 목적은 오직 인도를 영국의 상품과 원자재 공급지를 위한 세계적 주요 시장으로 만들면서 국제적으로 독점적 상거래 위치를 차지하는 것이었다. 더욱이 사무엘이 논증하듯이, "유럽 문화의 식민주의적 패권과 인도인들에게 강요된 영국 언어의 규범적 힘은 수많은 인도 모국어들을 제거하였고, 그렇게 함으로써 인도의 고유한 문화적 가치들을 철저히 패배시켰다."[21] 이에 따라 영국의 식민지 영향은 인도인들의 많은 귀중한 문화를 손상했다. 인도의 경제를 제국주의자들의 회사를 위해서 사용했다

---

19 M. M. Thomas, "A Christ-Centered Humanist Approach," 53.
20 같은 책, 52.
21 Samuel, "The Prospects and the challenges of ecclesiology," 12.

고 말해도 과언이 아닌 것이다. 이에 따라 인도인들에게 영국의 제국주의는 외세의 침략, 지배 그리고 경제적 착취로 이해되었기 때문에 커다란 저항의식을 야기하였다. 그에 대한 결과로써 토마스를 포함한 많은 현대 인도 신학자들은 저항정신에 관심을 갖게 된 것이다.

간디주의

현대 인도의 상황을 주요하게 구성하는 마지막 요소는 간디주의(Gandhism)이다. 마하트마 간디(Mahatma Gandhi)는 힌두교 사상의 정립과 통합을 통해 국제적 공동체를 꿈꿨던 세계적인 인물이다. 간디의 신학적 중요성과 기독교에 대한 그의 도전은 이미 널리 인정받아왔다는 것에 의심의 여지가 없다. 간디는 한 사람이 어떤 종교를 가지고 있든 간에 그 사람의 종교적 경험과 그의 고유한 정신적 문화 안에서 삶의 궁극적 의미를 찾아야 한다고 믿었던 인물이다. 삶의 궁극적 의미를 찾기 위한 간디의 철학은 '사트야'(진리), '아힘사'(비폭력) 그리고 '스와데쉬'(인근 이웃에 대한 사랑), 이 세 가지로 압축할 수 있다. 간디주의자들은 그들의 정치적, 경제적, 사회적 모습 안에서 이 세 가지 원칙에 따라 행동한다.[22]

---

22 M. M. Thomas, *The Acknowledged Christ of the Indian Renaissance* (London, UK: SCM Press, 1970), 191.

간디는 그의 인생 전반에 걸쳐 '진리'를 탐구하는 것에 전념하였다. 진리를 찾는 것은 간디에게 인생 최대의 과제였고, 그의 철학의 가장 중요한 핵심이었다. 하지만 기독교와 같이 유일신을 믿는 여타 종교들과는 달리, 그에게 하나님은 진리가 아니었다. 간디는 '진리로서 하나님'(God as Truth)을 말하는 것보다, '진리 자체로써의 하나님'(truth as God)을 말하길 선호했다. 이에 대해 그는 이렇게 말한 바 있다. "하나님은 진리다. 하지만 하나님은 다른 많은 진리들 중 하나다. 이는 왜 내가 진리는 하나님이라고 말하길 선호하는지 의미한다…. 당신은 단지 당신이 진리라고 찾은 무언가에 예배하는 것이다. 왜냐하면 진리는 오직 상대적으로 계시되기 때문이다."[23] 간디에게 하나님은 어떤 궁극적인 신념과 같은 하나의 인상(idea)인 것이다. 물론 이러한 간디 철학의 긍정적 가치는 분명 존재한다. 서로 다른 신앙에도 불구하고 다양한 종교의 신자들 사이에서 특정 선한 의지를 고취시킬 수 있고, 이것을 실제의 삶에서 현실화시킬 수 있다는 것이 바로 그것이다. 이러한 맥락에서 간디는 종교가 서로 다른 공동체 간에 불화의 원인이 되지 말아야 한다고 주장한다. 그는 '사트야'(진리)로부터 발생하는 행동은 진정한 인간 공동체를 이루는 데 효율적이라고 믿었다. 그리고 간디의 사고 속에서의 이 사트야(진리) 사상은 언제나 아힘사(비폭력) 사상

---

23 같은 책, 194.

을 동반한다. 토마스는 '사트야그라하'(진리를 고수하다)라는 용어를 소개하며 다음과 같이 말한다.

간디는 '적'에 대한 두려움을 드러내지 않고, 오히려 이면에 숨어 있는 진리와 정의를 위한 정신적 갈망인 그의 영혼에 기반을 두는 한 방침(technique)으로써 '사트야그라하'라는 것을 제공하였다. 그리고 이 방법[사트야그라하]으로 달성된 그의 목적은 견고히 지속되었다. 간디는 사트야그라하를 저항정신을 위한 강한 무기로 여겼다.[24]

위에서 볼 수 있듯이, 간디의 아힘사(비폭력) 사상은 효율적인 도덕적 원칙이고, 진리에 비추어 사회 변화를 꾀할 수 있는 강력한 수단이었다. 간디는 자서전에서 그의 구체적인 인생철학을 이렇게 말한 바 있다. "'하나님'이 아니라 '진리'가 있다는 나의 한결같은 도전은 나를 확신시켰다. 그리고 진리의 완성을 위한 유일한 수단은 아힘사(비폭력)이다. 즉 진리에 대한 온전한 인식은 아힘사의 완전한 완성이다."[25]

이처럼 아힘사가 인간의 삶에서 가장 이상적인 법칙이라는 것

---

24 M. M. Thomas, *Ideological Quest within Christian Commitment* (India, Madras: C.L.S, 1983), 239.

25 Mohandas K. Gandhi, *Autobiography: The Story of My Experiments with Truth* (New York: Dover Publications, 1983), 404.

은 간디의 굳건한 신념이었다. 그의 이러한 비폭력 저항 운동은 인도 안에서 사회적으로 광범위한 파장을 일으켰고, 더 나아가 서양 국가들에 깊은 감명을 주었으며, 킹(Martin Luther King Jr.)이 이끌던 미국 시민 인권 운동과 같은 수많은 시민운동에도 영향을 주었다.26 간디의 신념 속에서 아힘사는 서로가 신체적 손상을 입히는 행위를 못 하게 할 뿐만 아니라, 악한 생각이나 증오심과 같은 비뚤어진 정신적 상태, 거친 언사와 같은 매몰찬 행동 그리고 부정직함과 거짓말을 방지할 수 있는 것이었다. 그러니 그가 인간 사회에서 봤던 모든 폭력적 현상들은 아힘사 정신과 양립할 수 없었다.

간디주의는 인도의 사회정치적 분위기에 깊은 충격을 안겨주었다. 사무엘은 간디의 사상을 이해하지 않고서는 현재 인도 안에 있는 어떠한 신학도, 정치적 이념도 효율적으로 시행될 수 없다고까지 말한다.27 인도 사회의 이념적 기초는 현대의 인도 주민들에게 여전히 영향을 주고 있는 간디의 정신과 얽히지 않고서는 완성될 수 없다.

---

26 Martin Luther King Jr, "My Trip to the land of Gandhi" in *Ebony Magazine*, Chicago (July 1959), 233.
27 Samuel, "The Prospects and the challenges of ecclesiology," 111.

3. 토마스의 삶

나는 개인적으로 토마스는 그의 시대에서 전무후무한 사상가라고 과장하여 말하고 싶다. 그만큼 토마스는 당대의 많은 신학자들에게 큰 영향을 끼쳤고, 특히 세계교회협의회(World Council of Churches, WCC)에서 활발히 활동하며 '에큐메니칼 운동'(교회 일치 운동)의 사회적, 신학적 발달에 상당한 공헌을 하였던 인물이다. 에큐메니칼에 대한 그의 열정은 인도교회 안에서 그만의 신학적 윤리를 형성하였고, 그로 인해 확립된 자의식을 가진 '아시아적' 기독교 출현을 이끌어 냈다. 그 대표적인 예가 '아시아기독교협의회'(Christian Conference of Asia)이다. 하지만 토마스는 다음과 같이 말하며 스스로를 겸손하게 평가하였다. "나는 뛰어난 조직신학자가 되고 싶은 어떠한 포부도 없다. 나는 교육에 의해서도, 개인적 성향에 의해서도, 그런 것에 소명이 없다고 생각한다."[28] 확실히 그는 공식 교육과정을 거치며 고도로 교육받은 인물이 아니었기에, 당시에 일부 사람들은 그가 그의 시대의 신학적 발전에 실질적으로 기여한 바는 없다고 생각했다.

하지만 토마스의 가까운 동료 중 한 명이었던 필립(T. M. Philip)은 그의 책에서 토마스를 일반 사람들은 상상하지 못하는 질문을

---

28 Thomas, *The Acknowledged Christ*, ix.

가지고 전혀 새로운 견해를 제공하며, 또한 깊은 통찰력을 가지고 반복적으로 인류를 놀라게 하는 위대한 사상가로 소개한다.[29] 토마스는 인류 역사의 구체적인 상황들 안에서 삶의 의미와 씨름하고 있는 사람들을 마음을 깊이 동정하였고, 실제 삶의 현장 속에서 그들이 어떻게 예수 그리스도에 대해 고민을 하고 있는지에도 지대한 관심을 가졌다. 토마스는 정식으로 신학 교육과정에 의해 잘 훈련된 신학자는 아니었지만, 그의 신학적 통찰들은 20세기의 정교한 신학적 체계를 위한 원료와 같은 역할을 하였다. 그리고 그의 신학적 영향력은 인도교회의 경계를 뛰어넘어 인도 전체 사회 안으로 흘러 들어갔다.

그의 초기 삶

토마스(Madathiparampil Mammen Thomas)는 1916년 5월 15일, 인도 케랄라(Kerala)주에 위치한 카본굼프라야르(Kavungumprayar)라는 마을에서 태어났다. 그의 가족은 경제적으로는 중산층이었고, 종교적으로는 '인도개혁동방정교회'(Mar Thoma Church)에 소속되어 있었다. 그리고 토마스는 그의 마을에 한 교회가 운영하는 학교에서

---

29 T. M. Philip, *The Encounter Between Theology and Ideology: An Exploration into the Communicative Theology of M. M. Thomas* (Madras, India: The Christian Literature Society, 1986), xiii.

초등 교육을 받았다. 그의 평생 동료였던 필립(Thannickapurathu Mathai Philip)은 토마스가 초등학교를 다닐 때부터 성경 묵상을 좋아하였고, 성경을 통해 예수 그리스도의 십자가에 대한 상상력을 확장하였고, 이로 인해 그의 마음에 강한 복음주의적 경건성을 형성하였다고 말한다.[30] 그 후로 토마스는 스스로의 삶을 기독교 '다르마'(진리)의 의미를 찾는 평생의 탐구 여정이라 여겼다. 이는 토마스의 다음과 같은 고백을 보면 알 수 있다.

> 십자가에 못 박히고, 다시 살아나시고 그리고 지금도 살아 있는 예수 그리스도를 받아들인 사람들의 삶은 내면의 진정한 통합과 새로운 삶의 방향을 가지게 된다는 것이 나의 깊은 신념이 되었다. 이는 죄의 용서와 부활에 대한 나의 개인적인 느낌이다. 나는 이것을 나의 모든 삶을 휩싸는 엄청난 힘으로 경험하였다. … 예수 그리스도는 내 삶의 목표이자 토대라는 나의 인식은 내 안에 뿌리 깊게 박혔다. 이런 전제 위에 나는 나 스스로를 예수 그리스도 안에서 하나님께 바쳤다. 이것이 기독교의 사회적 '다르마'(진리)를 위한 나의 탐구의 여정을 보여준다.[31]

---

30 같은 책, 1.

31 같은 책, 2, quoted in M. M. Thomas, *Ente Christhava Dharmanveshana Paryadanam* (My journey in search of Christian Dharma) (India, Tiruvalla: Christian Literature Society, 1983), 9.

진리를 향한 그의 여정은 대학 생활을 하며 세 가지의 청년 운동을 통해 본격적으로 시작하였다. 그것은 마태(K. A. Matthew)가 이끌던 '기독 학생 운동'(Student Christian Movement), 트리반드럼(Trivan- drum)이라는 마을 교구의 후원하에 있던 '인도동방정교회연합'(Mar Thoma Youth's Union) 그리고 당시 트리반드럼에 있던 한 기도 모임이다.[32] 이 세 모임은 그의 신앙을 더욱 견고하게 만들었다. 토마스는 스스로 "[그 모임들을 통해서] 내가 복음주의적이고 성례적인 경건함이라 불릴 수 있는 신앙의 삶을 시작하였다는 것은 나에게 너무도 분명하다. 그리고 이것은 여전히 내 영적인 삶의 근본적인 구조라는 것을 굳게 믿는다"라고 말한다.[33] 이 세 개의 모임에서 토마스가 배운 개인적인 경건성은 그의 청년 시절 신앙에 가장 지배적인 가치였다.

1935년 대학을 졸업하면서, 토마스는 아스람 고등학교(Asram High School)에서 교사로서 그의 첫 직장생활을 시작하였다. 아스람 고등학교에서 일하는 동안에 그는 '종교간학생조합'(The Inter-Religious Student Fellowship)이라는 학생 단체와 관계를 맺었다. 교사의 삶을 시작한 지 2년이 지난 후, 어느 날 토마스는 이 단체에

---

32 같은 책, 2.

33 M. M. Thomas, "Faith Seeking Understanding and Responsibility," unpublished manuscript at the United Theological College Library (India, Bangalore, 1971), 1.

서 주최하는 '알와예'(Alwaye)라는 모임에 참석하였다. 알와예 모임은 토마스에게 예수 그리스도의 중심성(the centrality)에 대한 그의 신념을 보다 더 체계적으로 정립하도록 도왔다. 알와예에서의 많은 토론과 강의, 설교 등을 통해서 토마스는 자신의 신앙에 큰 도전을 받았고, 이에 따라 그리스도를 향한 그의 소명을 결정짓는 위해 치열한 영적 투쟁의 세월을 보냈다. 그는 당시 힘겨웠던 그의 정신적 몸부림의 시간을 다음과 같이 회상한다.

> 한편으로 타 종교들의 영적 풍성함(the richness)에 대한 나의 새로운 발견과 다른 한편으로는 복음의 사회적 영향에 대한 나의 더딘 깨달음 안에서, 나는 그리스도에 대한 나의 이해를 다시 수정하여 말해야 한다고 느꼈다. 그래서 나는 셀 수 없는 영적인, 정신적인 나만의 투쟁에 들어갔다. 이런 투쟁 속에서 나의 질문은 "타 종교들과 사회적 문제들의 현실을 붙들고 정신적 씨름을 하면서 나의 삶 속에서 그리스도의 중심성을 어떻게 유지할 수 있을까"였다.[34]

1937년, 토마스는 그의 교직 생활을 접고, 사두(Sadhu K. I. Mathai)라는 한 스승의 지도 아래 타 종교와의 대화와 협력 그리고 사회복지 정책에 대해 폭넓은 비전을 가지고 있는 '알레페이기독교협

---

34 같은 책.

회'(Christian Institute at Alleppey)에 가입하였다. 사두는 토마스 내면에 있는 영적 관심을 밖으로 꺼내어 세상 속으로 밀어 넣었다. 그래서 토마스는 사두를 그의 '구루'(스승)로 여겼었다.[35] 사두의 영적 도전에 응답하며 토마스는 트리반드럼에서 길거리 아이들의 갱생을 위해 일하며 삼 년의 시간을 보냈다. 그는 아이들을 위해 매일 음식을 구하러 나갔고, 그 아이들에게 장사하는 것을 가르치기 위해 직접 신발 만드는 방법을 배우기도 했다.[36] 이런 길거리 사역은 그로 하여금 인간 사회의 가혹한 현실을 담대하게 마주할 수 있도록 만들었다. 그리고 그때부터 그는 진정한 휴머니즘을 위한 세속적, 종교적 유대감을 신중히 파악하기 위해서 기독교인의 관심사는 무엇이어야 하는가에 대한 그의 철학을 발전시켜갔다.

토마스 신학에 영향을 준 경험

아마도 토마스의 신학적 사고구조에 가장 영향을 많이 준 기관 중 하나는 '케랄라기독청년행동협회'(the Kerala Youth Christian Council of Action, YCCA)일 것이다. YCCA는 간디주의와 마르크스주의(Marxism)를 토마스에게 가르치면서 그가 인도의 이념적 현실을 깊이 있게 이해할 수 있게 도와주었다.[37] 간디주의와 마르크스

---

35 Philip, *The Encounter*, 4.
36 같은 책., 5

주의 이 두 가지 이념은 온전한 인간이 되는 체험을 하기 위한 '인간 해방'이라는 목표에 방점을 둔 이념들이었고, 이 이념들은 당시 인도 사람들 사이에서 크게 공감을 받던 중요한 이념들이었다.[38] 토마스는 YCCA에서 〈간디주의와 예수의 원칙들〉이라는 논문을 읽고 난 후 그의 신학적 사고 안에서 간디주의를 기독교와 확고히 결부시켰다. 이를 뒷받침 하듯, 토마스는 그의 저서 *Faith Seeking Understanding and Responsibility*에서 이렇게 말한다. "그 당시 나의 사상은 확실히 간디주의였다고 말할 수 있다."[39] 그는 온전한 인간 됨을 위한 인간 해방의 정신을 가진 간디의 사상에 매료되었고, 간디주의의 이념적 체계를 완벽히 익히기 위해 시간을 많이 들였다. 그래서 토마스는 스스로를 간디주의자로 여겼고, 후에는 사회 현실에 대한 더 깊은 연구를 하며 마르크스주의를 자신의 이념으로 받아들였다. 토마스는 과거 자신을 회상하며 이렇게 말한다. "[당시에] 나는 기독교 신앙을 사회에 대해서 마르크스주의적 해석으로 연결하고, 마르크스주의적 통찰력에 비추어 예수 그리스도의 궁극성을 설명하려 애쓰고 있었다."[40]

토마스가 YCCA에서 봉사하고 있었을 때, 그는 정식으로 목회

---

37 같은 책, 7.
38 Samuel, "The Prospects and the challenges of ecclesiology," 130.
39 Thomas, "Faith Seeking," 7.
40 같은 책.

를 하기 위해 '인도동방정교회'(Mar Thoma Church)에 지원한 적이 있다. 하지만 거부당했다. 인도동방정교회의 목사 안수 위원회가 기독교 사회 윤리에 대해서 마르크스주의적 인식에 치우친 토마스의 신학적 견해를 못마땅하게 봤기 때문이다.[41] 그 이후, 그의 관심사는 새로운 기독교 사회 철학을 만들어 내기 위해 기존의 기독교 신학과 마르크스 이념의 긍정적인 요소들을 결합하는 것이었다. 토마스는 현대 인도 사회에서 벌어지는 현상들에 대해 깊이 있는 분석을 제공하면서 세상의 이념들과 함께 그리스도의 진리와 의미를 더 분명하고 더 강력하게 말하기 위한 길을 찾기 위해 노력했던 것이다.

1947년~1952년까지 토마스는 '세계기독학생연맹'(World Student Christian Federation)에서 스태프로 일을 했다. 그곳에서 일하는 동안 그는 WCC의 첫 번째 총회였던 '암스테르담 총회'(Amsterdam Assembly)의 개최를 위한 예비연구에 참여할 수 있는 기회를 가졌다. 그 연구 이후, 토마스는 1947년 노르웨이의 오슬로(Oslo)와 1952년 인도의 코타얌(Kottayam)에서 열린 '세계기독청년학회'(World Conference of Christian Youth)에도 참여했다.[42] 그리스도의 진리와 의미 그리고 그 진리 자체의 영향을 더 깊이 탐구하는 것에 이 모든 이벤트가 그에게 엄청난 자극을 주었다고 토마스는 말한 바 있다.[43]

---

41 Philip, *The Encounter,* 8.
42 같은 책, 10.

이처럼, 토마스는 사회 운동에 관심이 많았던 신학자였다. 그에게 사회 운동이란, 급변하는 세상의 시대적 상황 안에서 기독교 신학을 생동감 있게 '행하는 것'이었다. 그리고 그는 이런 행동하는 신학이 이 시대의 인도교회가 반드시 수행해야 하는 시대적 과업이라 여겼다. 그는 이렇게 말했다. "행동하는 신학이란 지금 '여기'에 존재하는 종교적이고 세속적인 환경에서 얻은 유용 가치들을 가지고 현대 인도의 시대적 상황 속에서 복음을 선포하기 위한 인도교회의 분투다."[44] 토마스에게 '행동하는 신학'에 대한 탐구는 모든 종교적, 이념적 공동의 목표를 공유하며, 이 세상에 필수적인 사회적 변화를 이끌어 내는 휴머니즘 운동이었다. 이와 같이 그는 기독교 신앙이 지니고 있는 인도주의적 본성이 세상과의 소통적 관계로 들어가는 것을 간절히 보길 원했던 신학자였다.

아시아 개혁신학의 발달

인도인들뿐만 아니라 더 넓은 전체 아시아의 상황과 관련하여 구체적인 사회적 변혁을 위해 1949년 이후부터 토마스는 새로운

---

43 Thomas, "Faith Seeking," 37.

44 M. M. Thomas, "Towards an Indian Understanding of Jesus Christ", in *The Indian Church: Identity and Fulfillment* (Madras: Christian Literature Society, 1971), 17.

신학적 접근 방식을 수립하기 위한 연구를 본격적으로 시작하였다. 그가 중요한 역할을 했던 1949년 방콕에서 열린 '동아시아기독교지도자협의회'(East Asian Christian Leaders' Conference)는 정치와 사회 안에서 기독교의 중대사(Christian concern)로써의 '그리스도의 우주적 주권'을 공표하였다. 토마스는 이 협의회에서 다음과 같이 말했다.

> 여기 우리는 각 민족들의 존엄성에 대한 자각, 억압적 체제로부터 자유에 대한 갈망, 권력구조 안에서의 공정한 의사결정 과정, 그런 의사결정에 보다 더 완전한 참여에 대한 그들의 요구, 이 모든 것들이 현시대의 아시아 안에 있는 사회적 봉기, 권력의 충돌 그리고 이념의 갈등 뒤에 있는 '변혁의 소동을 위한 기본적인 요소들'로써 판명되었음을 목도하고 있다. 이에 대해 교회의 태도는 어떠해야 하는가? 기독교인들의 교회는 그 변혁의 소동들이 마치 그리스도 안에 있는 하나님의 사랑에 의해 긍정 받는 '인간 존엄성의 표현'이라고 여기며 교회 안에서 그 상황들을 반드시 환영하며 맞이해야 한다.[45]

토마스는 아시아의 교회들이 그리스도의 통치 아래서 교회와 인간의 사회를 연결하는 것에 노력해야 한다고 호소한다. 이러한 정

---

45 M. M. Thomas, *Towards a Theology of Contemporary Ecumenism* (India, Madras: Christian Literature Society, 1978), 192

신과 신념을 가지고 그는 1950년부터 그만의 조직신학 연구를 시작하였고, 더불어 인도의 정치적, 사회적 이념들을 면밀히 분석하기 시작했다. 그 결과 그는 1957년 인도 벵갈로르(Bangalore)에 '종교와 사회의 연구를 위한 기독교 협회'(Christian Institute for the Study of Religion and Society, CISRS)를 설립하기에 이르렀다.[46] 그의 영적 스승이었던 디바난단(P. D. Devanandan)이 책임자로서 그 조직을 운영하였고 토마스는 부책임자로서 기관을 섬겼다.

CISRS의 설립 이후 토마스는 미국 뉴욕에 있는 유니온신학교(Union Theological Seminary)에서 자신만의 연구를 하며 일 년을 보냈는데, 그 한 해 동안 그는 니버(Reinhold Niebuhr)와 틸리히(Paul Tillich)에 대한 깊이 있는 강의를 들었다. 강의들은 그에게 엄청난 의미가 있었다. 왜냐하면 그 기간 토마스가 듣고 연구한 강의들은 그의 신학적 체계를 전보다 더욱 견고히 하도록 만들었기 때문이다. 그는 당시를 회상하며 그의 저서에서 이렇게 기록을 하였다. "나는 이제 거의 안정적인 믿음의 신학적 이념(Faith-Theology-Ideology)의 체계에 이른 것 같다."[47] 유니온신학교에서 그의 연구는 그로 하여금 인도교회들이 '새로운 인도'(New India) 안에서 사회적이고 정치적인 통찰력을 개발하면서 교회의 복음주의적 선교를 명확하게 하기 위해서 새로운 종교적, 문화적 그리고

---

46 Philip, *The Encounter*. 12.
47 Thomas, "Faith Seeking," 88.

사회적 환경을 이해해야 한다고 깨닫도록 도왔다. 이러한 그의 연구를 높이 평가하여 1961년 개최된 WCC의 '뉴델리(New Delhi) 총회'는 토마스를 '교회와 사회 분야 위원회'(Church and Society Working Committe)의 의장으로 추대하였다.[48]

토마스는 유니온신학교에서 그의 연구들을 바탕으로 1966년부터 1967년까지 일 년간 강의하였다. 당시의 강의들을 한데 묶어 *The Acknowledged Christ of the Indian Renaissance*라는 제목의 책이 출판되었는데, 이 책은 그의 인생에 가장 중요한 저서 중 하나이다. 책의 내용은 인도 민족주의의 선지자라 불리는 라모한(Raja Rammohan)이나, 민족의 아버지라 불리는 간디(Mahatma Gandhi)와 같은 인도 르네상스의 주요 정신적 지도자들이 당시 인도의 종교와 사회를 위한 예수 그리스도의 의미와 기독교를 어떻게 이해하려 했는지에 대한 토마스의 연구이다. 그 책에서 토마스는 이렇게 말한다. "신힌두교(Neo-Hinduism) 지도자들의 그리스도와 기독교에 대한 이해에 대하여 인도교회가 여태까지 어떻게 응답해 왔고 어떻게 대화를 시도해 왔는지에 관해 출간해야 한다는 필요를 느꼈다. 이에 대해 신힌두교의 대표적인 사상가들을 내 나름의 기준을 가지고 선정하여 책을 썼다."[49] 토마스는 그 책을 통해서 인도교회가 인도의 정신적 지도자들과 어떻게 대화를 시도했는지 그리고 그러한 시도를 통해

---

48 Philip, *The Encounter*, 13.

49 Thomas, *The Acknowledged Christ*, ix.

인도 민족주의에 관하여 인도교회가 그들의 신앙을 그리스도 안에서 어떻게 정립했는지 면밀히 조사하였다.

시간이 흘러 1968년, 토마스는 스웨덴 웁살라(Uppsala)에서 개최된 제4차 WCC 총회에서 중앙 위원회 의장으로 선출되었다. 웁살라 총회는 사회적 삶의 다양한 분야에서 온 일반인 전문가들과 제3세계에서 온 대표자들이 다수를 이룬 첫 에큐메니칼 모임이었다.[50] 토마스는 이런 성격의 모임을 고려하여 의장으로서 웁살라 총회가 전 세계 교회에 그들의 세상 동료들과의 관계 안에서 시대의 기술적, 사회적 변혁을 통해 일어나는 급격한 변화들을 인지할 수 있게 돕기를 바랐다. 그의 절실한 바람과 노력에 따라, WCC 웁살라 총회는 사회 윤리뿐만 아니라, 기독교의 선교와 봉사, 연합, 예배 그리고 교회 사역의 모든 측면에서 전 교회적인 재고(ecumenical rethinking)의 전환점이 되었다.

1966년 이후, 토마스는 기독교 신학과 다른 종교의 신앙들, 이 두 사이의 대화와 협치를 통한 현실적인 휴머니즘의 구축을 위해 더욱 노력하였다.[51] 이러한 그의 노력에 따라 1966년부터 쓴 대부분의 토마스의 글은 인도 안에서 벌어지는 사회변혁의 이해에 대한 휴머니스트 정신을 보여주고 있다. 또한 그는 CISRS에서 은퇴한 이후 현실정치에도 활동적으로 참여했다. 1975년 당시 인도 총리

---

50 Thomas, *Contemporary Ecumenism*, 158.
51 Philip, *The Encounter*, 15.

간디(Indira Gandhi)에 의해 인도에서는 끔찍한 시민 박해 사건이 일어났는데, 이 사건은 광범위하게 시민 자유에 대한 폭력적인 억압과 민주 기관들에 대한 정부의 폭압적 간섭으로 이어졌다. 이에 대해 토마스는 영국의 일간지인 '가디언'(Guardian)에 인도 정부에 대항하는 호소문을 써서 인도 정부의 만행을 세상에 알리려고 노력하였다. 또한 그는 시민의 권리를 지키기 위해 인도의 한 정당에 가입하였고, '시민의 자유를 위한 민족 연합'(Peoples Union for Civil Liberties)과 '민주적 권리'(Democratic Rights)라는 두 단체의 의장이 되기도 하였다.[52]

토마스는 다양한 시민단체들이 인도 안의 기독교 선교에 대한 새로운 통로라 여겼고, 그런 그의 신념에 의해 인생 후반에는 시민단체들과의 접촉을 긴밀하게 이어갔다. 자유를 위해 시민들이 투쟁하는 당시의 시대적 상황 속에서, 시민단체들과의 긴밀한 관계를 통해 그는 기독교 신앙과 관련된 사회의 쟁점들을 해결하려 노력하였다. 토마스의 동료 필립스는 토마스의 신학적 방법론에 대해 다음과 같이 결론을 내린다. "토마스의 신학적 방법론은 세상과의 의사소통 과정에 있는 복음의 새로운 차원을 탐구하며 시대의 흐름 속에서 신앙 발견의 이해와 세상을 향한 기독교인의 책임의 관점에서 이해될 수 있다."[53]

---

52 같은 책, 16.
53 같은 책, 18.

II장 · 예수에 대한 인도 사상가들과 토마스의 담론

이번 장은 토마스의 책 *The Acknowledged Christ of the Indian Renaissance*에 많은 부분을 할애한다. "신힌두주의"(Neo-Hinduism)라 불리는 이 책은 20세기 인도 개혁시대의 영적 지도자들이 말하는 예수의 정체성에 대한 토마스의 신학적 응답이다. 토마스 자신도 인도에서 그의 인생 대부분을 보냈기에 힌두교 지도자들이 가지고 있었던 힌두교적 사고에 대해 충분한 공감과 이해를 가지고 있었고, 그런 공감과 이해를 전제하며 그들에게 자신의 견해를 설명하였다. 영국으로부터 독립 후, 재건되는 인도 사회를 위한 예수 그리스도의 의미와 힌두교적 사고 안에서 기독교를 인도의 영적 지도자들이 어떻게 이해하고 있는지 토마스는 그의 책을 통해 면밀히 관찰하였다.

1. 라자 라모한 로이(Raja Rammohan Roy, 1772~1833)

로이는 인도 민족주의의 선지자라 불린 인물이다. 그만큼 그는 힌두교 사회 안에서 자유주의적 사고를 가지고 있던 개혁적 선구자였다. 로이의 신학적 체계는 세 개의 사상으로 구성되어 있는데, ① 유일신적 신앙 ② 종교의 본질은 도덕이라는 신념 ③ 종교는 이성적이어야 하고 그 이성을 통해 종교를 미신과 기적으로부터 정화시켜야 한다는 이성주의이다.[1]

도덕적 원칙으로서의 예수

로이는 다음과 같이 말했다. "온전한 지각과 확실한 도덕적 원리를 가지고 힌두교인들이 유일신을 믿고 숭배할 수 있는 합리적 신념에 이를 수 있게 해 달라고 나는 매일 기도한다."[2] 그의 확신은 일종의 계몽주의적인 대중 운동이었다. 신비주의적 직관과 같은 미신적인 종교관에서 떠나, 분명한 윤리적 원칙에 기반을 두며 조화로운 인간 사회를 창조해 가는 절대적 기준인 단일의 절대신 신

---

1 Thomas, *The Acknowledged Christ,* 2.

2 Raja Rammohan Roy, *The English Works of Raja, 3; as quoted in Thomas, Acknowledged Christ, Rammonhan Roy* (Australia, Sydney: Wentworth-Press, 2019), 74.

앙으로 돌아가자는 것이다. 합리적이고 윤리적인 신앙에 근거하여 그는 사람의 이성과 도덕의 권위에 기조를 두는 자연주의적 신학을 세우려 노력했고, 더 나아가 그는 그의 신학을 모든 종교들이 수용하길 호소하였다.[3]

앞서 말했듯, 로이는 힌두교와 힌두교 사회 안에서 자유주의 개혁의 선구자로 인도 사회 안에 널리 알려져 있었다. 이는 그가 다신론적인 전통적 힌두교에 크게 영향을 받지 않고 서양의 이성주의와 서양사회의 사회적 윤리 개념에 깊은 영향을 받았기 때문이다. 이러한 까닭에 성경 속 예수의 도덕적 원리와 성경의 유일신 사상이 그의 마음을 끌어당겼던 것이다. 그는 1815년 한 친구에게 쓴 편지에서 다음과 같이 말한 바 있다. "나의 지식 중 그 어떤 것보다도 그리스도의 교리가 우리의 도덕적 원리들을 더욱 증진시키고, 우리 삶 속에서 이성적 지식을 풍성케 운용하도록 한다는 것을 나는 발견하였다. 종교적 진리에 대한 나의 길고 끊임없는 탐구의 결과는 바로 이것이다."[4] 로이는 예수가 가르쳐준 도덕적 원칙들이 형이상학적인 범위를 넘어서고, 인간들의 지성을 향상시키며, 또한 살아 있는 모든 창조물들을 지배하는 유일신의 개념이 인간의 건조한 종교적 교리로부터 해방시킨다고 믿었던 것이다.

로이는 예수 그리스도의 가르침을 예수의 생애, 죽음, 부활과

---

3 같은 책.
4 같은 책, 9.

같은 역사적 사건들로부터 분리한다. 이에 따라 그는 예수의 삶과 신비적인 묘사들에 집중하는 요한복음보다, 예수의 가르침 그 자체를 조명하는 공관복음서들에 더욱 큰 관심을 가졌다. 그래서 그는 각 공관복음서 안에 있는 도덕적 기준들에 대한 지식이 인간들을 신과 더욱 조화시키고 그들을 도덕적 삶으로 이끌 것이라 믿었다.[5]

로이가 주장했던 '그리스도의 신성'에 대한 개념도 기독교의 전통적 신학과는 거리가 있다. 로이의 핵심 논거는 아버지에 대한 아들의 존재론적 열등함이다. 그는 예수가 아들로서 아버지에 의존하고 종속된다고 말하며 다음과 같이 주장한다.

> 구원자 예수는 하나님 아버지에 의해 신적 속성과 권능을 소유했었다. 우주적 아버지에 의한 한 인간 아들로서, 그[예수 그리스도]가 보여주었던 모든 권능들은 아버지 하나님에게 속하였다고 예수 자신이 반복적으로 공언했던 것을 모르는가? 그리고 넓고 높은 한 사람의 권능과 권위가 또 다른 이로부터 파생되는 것이라면, 그 사람은 힘의 원천이 되는 그 존재에게 열등한 상태의 현실 속에 놓인다고 우리의 이성은 말하고 있지 않은가? 그러므로 확실히 하나님이 다른 어떤 존재들과 관계없이 모든 속성의 완전함을 소유하고 있으면서 최고 우위에 있다고 믿는 자들은 그리스도의 정체성을 하나님과 동일하게

---

5 같은 책, 10.

여기기를 마땅히 거부해야 한다.[6]

이런 주장을 뒷받침하기 위해 로이는 신약성서의 고린도전서 15장 24-28절 내용, 즉 만물이 그리스도 아래 놓이게 되는 마지막 때에 아들 예수 그리스도는 하나님의 나라를 아버지 하나님께 인계할 것이고, 그 자신도 하나님께 종속될 것이라는 구절을 인용한다. 이 성경 구절에 대한 그의 해석에 따르면, 성경은 아버지 하나님에 관한 아들 예수의 의존성과 열등함을 분명하게 나타내고 있는 것이다.

또한 로이는 예수 그리스도의 신성을 "의지의 자립적 일치"라고 정의한다.[7] 이에 대해 그는 이렇게 말한다. "하나의 물 한 덩어리 전체 안에 있는 많은 물방울처럼, 예수와 그의 제자들은 상호간 흡수되었는데 이것은 마치 마지막에 인간의 영혼은 하나님의 머리에 흡수된다고 말하는 힌두교 한 종파의 형이상학적 교리와 흡사하다."[8] 하나님과 예수의 통합은 예수와 그의 제자들의 통합과 동일시된다는 것이다. 쉽게 말해서, 로이에게 예수의 정체성은 존재론적일 수 없고 단지 윤리적인 부분으로 국한된다. 로이의 주장

---

6 Rammohan Roy, *The English Works.* 573; as quoted in Thomas, *Acknowledged Christ,* 18,

7 같은 책.

8 같은 책, 19.

에 의하면 예수는 그 스스로가 신적인 존재이기 때문에 신성하게 여겨지는 것이 아니고, 하나님의 "의지"와의 온전한 일치 때문에 신성하게 여겨지는 것이다.

토마스의 반론

토마스는 예수의 삶과 형이상학적 추론에 대한 성경의 신비적 서술들을 거부하면서 예수의 도덕적 가르침을 고려해야 한다는 로이의 주장이 자신에겐 전혀 설득력이 없다고 말한다. 왜냐하면 토마스는 사람들이 복음서 안에 있는 형이상학적이면서도 선지자적인 가르침, 이 두 가지 가르침 모두를 통해 자신들의 현실 안에서 도덕적 삶을 이행할 수 있다고 믿기 때문이다. 토마스는 다음과 같이 말하며 로이를 비판한다. "많은 인도인들은 산상수훈의 가르침을 통해 예수 그리스도를 구원자로 받아들였다. 그들을 일깨우는 예수의 산상수훈은 단순히 새로운 도덕적 원리에 대한 것만이 아니라, 그 원리 속에 내재된 인간의 비극적 운명, 즉 하나님의 구원에 대한 선지자적 인식 그리고 이런 인간의 본질적 운명에 대한 예수 그리스도 복음 안에 있는 하나님의 형이상학적 응답이다."[9]

더욱이 토마스는 네 개의 복음서 안에 있는 예수의 삶에 대한

---

9 같은 책, 11.

신비적 묘사들은 한 신자의 믿음을 풍성하게 하는 데 상당히 힘이 있다고 확신한다. 이런 확신에 근거해 그는 이렇게 질문을 던진다. "로이처럼 이성적이고 윤리적이면서 세속적인 기질에 물든 현대인들은 만약 그들이 신비한 종교적 경험으로 되돌아가지 않는다면 진리와 예수 그리스도의 의미를 전혀 이해할 수 없다고 말하는 것인가?"[10] 토마스에게 로이의 이성주의는 사도 바울과 복음서 기자인 요한의 "신비주의적 가르침들"의 진가를 알아보지 못하는 무능력함으로 여겨진다. 확실히 바울과 요한의 가르침은 전혀 추상적이지 않다. 오히려 그들이 신약성서를 통해 우리에게 보여주는 추상적이고 형이상학적인 가르침들은 한 신자의 종교적 경험과 그의 신앙을 진정으로 통합하기 위한 징검다리 역할을 한다.

더욱이 토마스는 예수를 도덕적 교사의 역할로 격하시키는 것은 복음의 의사소통 방식을 제대로 인식하기 어렵게 만든다고 본다. 예수가 전했던 도덕적 가르침의 탁월함은 분명 기독교의 전부가 아니다. 토마스는 인도의 '그리스도 힌두 교회'(Hindu Church of Christ) 설립자인 페레크의 말을 인용한다. 페레크는 "예수는 그의 교훈들을 그의 피와 함께 밀봉했고, 그가 보여주었던 사랑의 행위를 통해 수많은 교훈과 가르침들이 죽은 편지가 되지 않은 채, 또한 그 누구도 한순간도 감당할 수 없는 무한의 짐이 되지 않으면서,

---

10 같은 책, 30.

그 교훈들에 진정한 권위와 신적인 힘을 부여하였다"라고 말한다.[11] 토마스가 인용한 페레크의 말을 정리하자면, 예수 그리스도의 신성과 그의 구속 사역은 그의 윤리적 가르침 자체에 있지 않고, 그 교훈 뒤에 있는 피흘림을 통해 그의 교훈들은 온전하고 최종적 권위를 부여받는 것이다.

토마스는 "현대의 신학적 사고의 중요성은 예수의 *kenosis*(자기비움), 즉 단순히 신성을 비우는 것이 아닌 진정한 '사랑의 신성'을 드러내기 위해 자기 자신을 완벽히 비우는 것으로서의 *kenosis*에 정확히 놓여 있다"라고 말한다.[12] 물론 윤리적 가르침에 기반을 둔 예수 그리스도에 대한 로이의 해석은 전적으로 받아들일 수 없는 것만은 아니다. 하지만 로이는 아버지 하나님의 사랑의 계시자가 되기 위해 십자가 위에서 종의 모습이 되기로 스스로 결정하며 자기 자신을 비웠던 아들 예수 그리스도의 삶에 대한 진정한 의미를 간과하고 있다. 이것은 기독교 신앙의 핵심이고, 완전한 하나님이자 완전한 사람이신 예수 그리스도의 삶과 가르침에 대한 진정한 해석이다.

---

11 Parekh, *Rajarshi Ram Mohan Roy*, 56; as quoted in Thomas, *Acknowledged Christ*, 12.

12 같은 책, 34.

2. 케슈브 천더르 센(Keshub Chunder Sen, 1838~1884)

센은 로이의 이성주의와는 다른 방식으로 신힌두교(Neo-Hinduism)의 사상 안에서 전통적인 힌두교의 영성에 대한 가치를 대변한 인물이다. 그는 예수 그리스도를 힌두교의 창의적 갱신을 위한 원천이자 새로운 보편적 종교를 위한 확실한 중심지 역할로써 해석하였다. 센의 신학적 중요성은 다음과 같이 크게 두 개의 줄기로 볼 수 있는데, ① 힌두교 자체를 그리스도에 대한 제자도(discipleship)의 원리로 만들었고 ② 인도 현지 기독교 지도자들이 연구한 인도의 토착적 그리스도론 그리고 거기에 해당하는 힌두교식 표현의 교회론과 같은 '힌두교적 기독교 개념들'을 만들어 냈다.[13]

휴머니티를 이루기 위한 교리로서의 예수

예수에 대한 센의 교리는 기독교 윤리의 두 가지 중요한 원리인 용서와 자기희생이 예수의 본질적 품성이라 보며 예수의 인성을 강조한다. 센은 예수가 십자가 위에서 보여주었던 용서와 자기희생의 정신이 인도를 윤리적, 사회적, 문화적으로 회생시킬 수 있을 것이라 믿었다. 센은 다음과 같이 말했다. "예수의 인성은 진정한

---

13 Thomas, *Acknowledged Christ*, 56.

자기희생의 개념이다. 그리고 예수가 시대의 충만함 속에서 그의 메시지를 전했던 것과 마찬가지로, 그는 지금 우리 시대 안에서도 같은 정신으로 나타난다. 나의 조국 인도 땅에서 더 많은 희생이 요구될수록, 더 많은 희생이 나올수록, 더 많은 자들이 이 땅에 있는 그들의 삶의 터전에서 예수를 찾을 것이다. 나는 예수의 희생정신이 나의 시대, 나의 민족과 함께 성장할 것을 고대하며 기다리고 있다"[14] 이처럼 센은 예수의 도덕적 탁월함을 가지고 힌두교의 개혁을 갈망한 인물이다.

1879년 센은 『인도가 묻다. 그리스도는 누구인가?』라는 제목으로 강의를 한 바 있는데, 그 강의에서 센은 "신성한 인성의 교리"라는 개념에 관하여 다음과 같이 설명하였다.

> 투명한 저수지와 같은 신성한 삶의 생수인 그리스도가 우리의 존재 앞에 있다. 우리의 시야를 방해하는 불투명한 자아는 없다. 그 중개자 [그리스도]는 크리스탈과 같이 투명하기에 우리는 그리스도를 통해 진리의 신을 뚜렷하게 볼 수 있다. 예수가 그의 제자 중 한 명에게 아버지 하나님을 보여 달라는 질문을 받았을 때, 그는 이렇게 말하지 아니하였는가. "나를 본 자는 아버지를 보았거늘 어찌하여 아버지를 보이라 하느냐"(요 14:9). 우리는 예수를 통해 완전한 자기복종을 본다.

---

14 같은 책, 58, quoted in P. C. Mozoomdar, *The Life and Teachings of Keshub Chunder Sen* (India, Calcutta, 1887), 176.

그리고 예수의 완전한 자기복종은 세상의 역사 속에서 가장 뛰어난 기적이다.[15]

이와 같이 신적 인성에 대한 센의 교리는 예수의 자기복종에서 유래한다. 여기서 자기복종은 아버지 안에서 나타나고 예수 자신을 아들로서 계시한다. 이에 대해 센은 '자식됨의 신학'(Sonship theology)이라는 그만의 신학을 만들어 냈고, 이 신학이 어떻게 전통적 힌두교와 접점이 될 수 있는지 그의 많은 강의에서 보여주었다. 한 가지 예를 들자면, 센은 전통적 힌두교가 말하는 '신비스러운 연합'에 대한 베다적(Vedantic) 개념[16]을 그리스도를 인식하는 도구로써 인용한다. 힌두교인들은 그들의 삶 속에서 '자식 된 신분'(Sonship)을 이행하며 그들의 사고구조를 그리스도 안에서 하나님과의 교감으로 변형시킨다.[17] 이것이 하나님 안에 '침례'된 힌두교 신조를 통해 그리스도에 이를 수 있다는 센의 신념이다.

더 나아가, 센은 자식된 신분에 대한 그의 그리스도론을 창의적인 과정을 통해 발전시킨다. 그는 이렇게 말한다. "예수는 인류의 모든 세대를 빛나게 하고 신성케 하는 신성(Divinity)의 광채를 가

---

15 같은 책, 59.

16 베다(Vedanta)란 6개의 주요 힌두 철학 학파 중 하나이다. 철학적이고 신비적인 가르침을 전하고, 이원론을 부정하며 단일의 궁극적이고 순수한 영적 실재가 있다고 말하는 일원론을 주장한다.

17 같은 책, 60.

지고 충만한 인성(Humanity)을 겪었다."[18] 예수 그리스도의 신적 '자식됨'(Sonship)이라는 이런 개념은 그 자체의 원리에 의해 모든 인류 안에서 이행되어야만 한다고 센은 믿었다. 그러기에 센의 그리스도론은 나중에 등장할 '실현 사상'(Fulfillment motif)의 중요한 근간이 된다.

실현 사상은 이미 종교 다원주의에 대한 전 세계적인 논의에서 많이 다뤄진 이론이다. 현재까지도 논란이 많고 복음주의적 시각과 다원주의적 시각 양쪽에서 많이 다뤄져 온 개념이다. 실현 사상은 타 종교들의 교육적 가치를 인정한다. 현재 비영리 단체인 '월드비전'(World Vision)의 인도지부 지부장이자, 콜카타에 있는 '하나님의 성회 교회'(Assembly of God church)에서 목회를 하고 있는 사트야브라타(Ivan M. Satyavrata) 목사는 그의 책 *God Has Not Left Himself Without Witness*에서 다음과 같이 말한다. "실현 사상은 종교를 절대화하지도, 악마화하지도 않는다. 그 사상의 개념은 모든 종교들이 하나님에 대한 지식의 일부 요소를 각기 포함하고 있다고 보며, 또한 각 종교들이 자기 초월성을 위한 그들의 정당한 표현을 교리적 차원에서 나름대로 논증하고 있다고 판단한다."[19] 따라서 실현 사상은 그리스도 안에서 나타난 영적 충만함이 각 종교

---

18 같은 책, 64.

19 Ivan M. Satyavrata, *God Has Not Left Himself Without Witness* (Eugene: Wipf and Stock Publishers, 2011), 15.

안에서 가지각색의 형태로 존재한다고 보고, 기독교뿐만 아니라 다른 종교들 안에서도 각자의 교리에 의한 구원의 가능성을 잠정적으로 인정한다. 실현 사상의 이러한 근간을 만든 센은 어떻게 예수 그리스도의 신적 '자식됨'(Sonship)이 인도를 포함한 인류 역사의 모든 세대 속에서 이해될 수 있는지 설명하며 힌두교의 "위대함"에 대한 큰 통찰을 제공하였다.

토마스의 반론

토마스는 센의 그리스도론에 대하여 많은 부분에 공감하면서도 중요한 신학적 질문들을 던진다. 그리고 개인 예수 그리스도에 대한 센의 몇 가지 잘못된 부분들을 비판한다. 그 첫 번째 비판은 힌두교를 포함한 타 종교들과 기독교 신앙의 관계에 대한 센의 잘못된 해석이다. 어떻게 우리는 타 종교가 마치 하나님의 창조적이고 구속적인 섭리에 따라 신성한 목적을 가지고 있는 듯이 여길 수 있을까?[20] 종말론에 대한 강조는 기독교 신앙의 본질이다. 이 점에 대해 토마스는 하나님의 궁극적이고 구속적인 목적은 사회나 종교의 구체적인 현상에 대해 반드시 종말론적 현실로 나타나야 한다고 주장한다.[21] 토마스의 이런 주장은 센의 그리스도론에 대한

---

20 Thomas, *Acknowledged Christ*, 76.
21 같은 책, 80.

그의 정서적 공감과는 별개로, 센의 신학을 전면 부정하는 것이다.

앞서 소개했던 페레크 역시 센에 대해 매우 비판적이다. 토마스는 다시 페레크를 인용하며, 이렇게 말한다. "죄인인 사람과 하나님 사이에 있는 끔찍한 심연과 죄 있는 인간을 대신하여 고통을 겪는 그런 하나님의 고통스러운 사랑에 의해 유일하게 다리를 놓을 수 있는 또 다른 심연을 센은 고려하지 않는다. 다시 말해, 기독교인들이 그리스도를 바라볼 때 가장 중요한 장면은 예수가 겟세마네에서 극도의 고통을 받고 있는 것과 그가 피 섞인 땀을 흘리는 것 그리고 그가 십자가의 끔찍한 고독과 부끄러움과 고통을 견디는 것이다. 이런 장면들이 무엇을 의미하는지 센은 과연 진정으로 알고 있는가?"[22] 토마스에 따르면, 센은 종말론적 현실에 대한 그 어떤 것도 말하지 않고 있다. 센과 대조적으로, 종말론적 현실에 대한 기독교의 시각은 분명하다. 인간들을 그들의 죄의 상태에서 구원하고자 하는 하나님의 십자가 위에서의 궁극적 목적을 가지고 종말론적 현실을 직시하는 것이 바로 진정한 기독교의 시각인 것이다.

토마스가 지적하는 센의 두 번째 신학적 문제는 기독교 전통에 대한 센의 과소평가이다. 센은 기독교 전통과 관련해 이렇게 말한 바 있다.

---

22 같은 책, 66.

그리스도는 기독교가 아니다. … 그래서 나는 언제나 기독교적 명칭을 사용하지 않는다고 말해왔고, 나 스스로를 기독교 교회와 동일시하지도 않을 것이다. 왜냐하면 나는 나의 신학을 통속적인 기독교의 교리와 대조하고 반대하기 때문이다. … 나는 대중적인 신학이 말하는 작은 그리스도를 거부하고, 보다 더 큰 그리스도를 지지한다.[23]

센의 이런 주장에 대해 토마스는 이렇게 비판한다. "기독교 교회에 대한 센의 신학에서 심각하게 결여되어 있는 것은 하나님의 의지에 대한 교회의 역사적 지속성과 신앙–성례–사역의 공동의 권위에 근거하여 통합과 일치를 주고 있는 교회의 '전통'에 대한 믿음이다."[24] 토마스는 하나님의 구속적 목적과 하나님의 의지가 전 인류 역사를 통틀어 그의 언약을 이행하는 공동체, 즉 교회를 통해 이행되어져 왔다는 것을 절대 간과하지 않는다.

일반적으로 말해 전통은 특정 상황과 개념 그리고 인간의 경험을 해석하기 위한 특정 유형들을 일정한 방식으로 구현하고 또 그것들을 특정 권위에 근거하여 진척시켜간다. 따라서 한 사람이 기독교 공동체로 들어온다는 것은 어떤 것이 기독교에 권위가 되는지 그 사람에게 알려주는 기독교 공동체의 전통으로 들어온다고 말할 수 있다. 그리고 이 권위는 하나님의 언약의 사람들에 의해

---

23 같은 책, 70.
24 같은 책, 73.

써진 성경 안에서 구현되었다. 영국의 신학자 레슬리 뉴비긴은 "기독교는 단순히 '교회 전통 안에 거하고 있다'는 것만 말하고 있지 않고, 더 나아가 지금도 여전히 진행 중인 하나님의 역사 안에 교회가 있다고 말한다"라고 주장한다.[25] 그러므로 종말론적 인지와 기독교 역사에 대한 인정은 둘 다 기독교 신앙의 본질적인 특징이고, 둘 사이의 너무 과격한 분리나 반대로 너무 철저한 한쪽만의 강조 없이 반드시 둘이 함께 진실하게 지켜져야 한다고 토마스는 말한다.[26]

3. 모줌다르(Pratap Chander Mozoomdar, 1840~1905)

모줌다르는 센의 그리스도론에 동의하였던 센의 동료였다. 모줌다르는 유럽 선교사들에 의해 소개되었던 예수의 삶과 가르침들이 힌두교인들의 영적이고 민족적인 마음에 연결되지 못했다는 사실을 지적하며, '동양의 영성'이라는 민족의 체계 안에서 예수 그리스도를 설파하였다. 이런 그의 신념을 바탕으로 1883년, 서양의 기독교 신학에 반대하며 예수를 '동양화'하려 시도한 *Oriental Christ*(동양의 그리스도)라는 책을 출판하기도 했다.

---

25 Lesslie Newbigin, *The Gospel in a Pluralist Society* (Grand Rapids: Wm. B. Eerdmans Publishing Co, 1989), 51.

26 Thomas, *Acknowledged Christ*, 80.

동양의 그리스도와 전개되는(unfolding) 성령

인도 토속신앙의 체계 안에서 예수 그리스도의 정체성을 찾기 위해 모줌다르는 범신론적 개념을 그의 신학과 통합시켰다. 일반적으로 범신론은 이 세계에 속하지 않는 별개의 신을 부정하고, 우주-세계-자연의 모든 것과 자연법칙을 신으로 여기는 이론이다. 쉽게 말해서 범신론은 세계 안에 하나의 신이 내재되어 있다고 보는 철학이자 일종의 종교관인 것이다. 이런 범신론적 개념에 따라, 모줌다르는 그의 책 *Oriental Christ*에서 이렇게 말한다.

> 들판에 있는 아름다운 백합꽃과 장미는 무한한 아름다움의 숨결로부터 왔다. 그분에 의해 영감을 받지 않는 아름다움, 지혜, 신실함, 순결함, 경건함, 자기희생은 없다. 인류 역사에서 모든 선인들의 선함은 그분으로부터 반영된 한 줄기 빛이고, 모든 위인들의 위대함은 그분의 높은 보좌를 가리킨다. 이것이 인도의 영적 감각이다. 그리스도는 하나님 안에서 존재했고, 하나님 안에서 인간을 사랑했고, 하나님 안에서 가르쳤고, 하나님 안에서 고통받았기에, 우리도 그리스도처럼 살고, 사랑하고, 고통받고, 가르칠 수 있다. 그리스도의 모든 본성이 신의 바다 안에서 있었듯이, 우리의 이 가시적인 세상도 하나님의 힘과 그의 위엄 안에 있다.[27]

이 아름다운 시적 서술은 한 인간인 예수 그리스도가 했던 일과 사역들을 이해하고자 하는 모줌다르의 신학적 시도가 범신론의 개념과 어떻게 부합되어 해석되는지 잘 보여준다. 모줌다르는 범신론적 개념 안에 있는 하나님의 영이 그 자체의 창조적 과정 속에서 힌두교의 근본적 교리들과 매우 관련이 깊다고 단언하였다. 그의 말에 따르면, "하나님의 영은 모든 것(all things)과 모든 일(all matter)이 진보하는 원리이자 원천이고 실체이다. 그리고 그 영은 세상 안에서 모든 영혼을 잉태한다. 따라서 힌두교 철학 안에 있는 성령도 힌두교 안에 스며 있는 분명한 실체이다."[28] 모줌다르는 만물의 보편적 본성으로서의 성령은 모든 인간의 영혼 안에 있기 때문에 성령이 인간성의 궁극적 근원이 된다고 보고 있는 것이다. 그에게 성령과의 관계 속에 있는 예수 그리스도는 진정한 인간성의 원형이다.

위에서 살펴보았듯이 모줌다르에게 예수 그리스도는 성령의 목적을 위한 현현이다. 이 말은, 인류의 진정한 휴머니티 성취를 위해 예수 그리스도의 삶의 의미와 관련지어 성령에 대한 그만의 교리를 만들고자 했다는 것이다. 모줌다르는 그리스도를 하나님의 영원한 영광의 가장 완벽한 발현으로 이해했기에 성령에 대한 그

---

27 같은 책, 84, quoted in P. C. Mozoomdar, *The Oriental Christ* (Boston: G. H. Ellis, 1883), 41.

28 같은 책, 85.

의 교리는 진정한 휴머니티의 실현을 위한 영적 질서를 제공하는
데 중요한 역할을 하였다.

그는 1894년에 *Spirit of God*이라는 또 다른 그의 중요한 저서
를 출판하였다. 그는 그 책에서 예수 그리스도는 유일무이하다고
분명하게 말한다. 하지만 그 유일무이함의 이유는 전통적인 기독
교 신앙과 다르다. 그가 말하는 예수의 유일성은 예수가 우주적
성육신으로서의 휴머니티에 대한 영원불변한 모델을 보여주면서
다른 불완전하고 지역적인 모든 성육신(역사 속의 위대한 종교 지도
자들)을 온전하게 만들었다는 것이다. 다음 글을 보면 그의 생각을
알 수 있다.

> 한 시대의 성육신은 부분적이고, 지역적이고, 불완전하고, 시대와 국
> 가와 특정 상황에 얽매여 있다. 그런 인물로 그리스인들에게는 소크
> 라테스가 있었고, 히브리인들에게는 모세가 있었고, 중국인들에게
> 는 공자가 있었으며, 힌두교인들에게는 크리슈나가 있고, 무슬림들
> 에게는 모하메드가 있었다. 하지만 인간의 진정한 필요는 핵심적 인
> 물, 우주적 모델, 하나님의 자기계시의 다양한 모습을 전부 포함하는
> 단 하나의 존재다. 다시 말해, 인간에게 진정 필요한 것은 인류 역사에
> 존재했던 모든 성육신들을 온전하게 만드는 한 존재다. 그런 성육신
> 은 바로 그리스도다.[29]

위에서 보여지는 모줌다르의 그리스도론에 따르면 예수 그리스도는 아버지 하나님의 영광을 홀로 드러내기 때문에 유일한 성육신이 될 수 없다. 다만 휴머니티에 대한 영적 질서 안에서 예수보다 앞서 먼저 있었던 모든 위인들을 통합시키는 모델이기 때문에 예수는 유일한 인물이 되는 것이다. 다시 말해, 예수는 모든 타입의 인성의 완성인 것이다. 이에 따라 모줌다르는 예수가 인류의 종교적 기관들을 연합하는 중심축이 된다고 여겨, 훗날 종교다원주의자들의 주요 논지 중 하나인 '보편적 그리스도'(universal Christ)라는 개념의 근간을 제공하였다.

보편적 그리스도를 상정하는 모줌다르의 사상은 보편적 종교(universal religion) 사상으로 이어진다. 모줌다르는 각 종교의 진리가 각자의 체계적이고 훌륭한 교리에서 나온다고 여겼고, 이에 따라 그에게 모든 세상의 종교들은 인간의 민족, 정서, 문화와 같은 각자의 유형과 필요들에 따라서 생겨난 성령의 역사로 여겨진다. 이것이 그가 말하는 '전개되는 성령'(unfolding Spirit) 개념이다. 그래서 그는 가까운 미래에 성령에 의한 단일의 보편적 종교가 발생할 것이라 믿었다. 모줌다르에 따르면, "보편적 종교는 항상 공중에(in the atmosphere) 형성된다. 이것은 인류 역사 안에서 사람과 사람, 민족과 민족 사이의 연합 형성에 점진적으로 기여하였다. 공

---

29 같은 책, 89, quoted in P. C. Mozoomdar, *The Spirit of God* (Boston: G. H. Ellis, 1984), 239.

동의 본능과 공동의 진리와 공동의 과정들로부터 생겨난 종교들은 그 자체의 원천에 공동의 신의 영이 있다는 것을 보여준다."[30] 모줌다르는 모든 종교가 같은 성령의 지도 아래 움직이면서 서로 영적으로 관련이 있다고 여긴다.

토마스의 반론

토마스는 예수 그리스도에 대한 모줌다르의 해석에 대해 몇 가지 요점을 말하며 반론을 제기한다. 우선 모줌다르의 신학은 센의 그것과 같은 실수를 하고 있다며 비판한다. 성령에 대한 모줌다르의 사상은 인간의 죄에 의해 만들어진 하나님과의 단절을 고려하고 있지 않다. 토마스는 이렇게 말한다. "모든 종교가 그리스도로 향한다는 '전개되는 성령' 개념은 역사적 실재 안에서 보다 더 깊은 인간의 영적 방종의 비극과 동떨어져 있다. 그래서 인류의 비극을 위한 예수의 십자가는 신적 계시와 인간 구원에 대한 모줌다르의 사상에 적용이 되지 않는다."[31] 성경은 인간의 죄가 당면한 근본적인 문제를 분명하게 나타낸다. 위에서 말한 토마스의 말에 따르면, 죄는 단지 인도주의자들의 견해로서 이해되는 그런 도덕적 개념이

---

30 Mozoomdar, *The Spirit of God*, 301-4; as quoted in Thomas, *Acknowledged Christ*, 95.

31 같은 책, 96.

아니고, 보다 본질적이고 인간 실존에 관련된 것이다. 따라서 죄는 단순히 인본주의적 관점에서 다뤄져서는 안 되고 반드시 의로우신 하나님의 궁극적 목적, 혹은 그분의 의지 안에서 이해되어져야 한다. 이는 죄의 본질이 하나님에 대한 거부이고 반역이라는 토마스의 확신이었다.32

모줌다르에 대한 두 번째 토마스의 비판은 하나님의 계시가 예수에 의해서만 이루어지지 않는다고 모줌다르가 말한 부분이다. 모줌다르는 보편적 그리스도라는 그의 개념을 가지고 "이중구원"(Double Salvation)을 주장한다. 여기서 이중구원이란, 한편으로 예수 그리스도에 대한 성찰과 다른 한편으로는 그리스도의 계시를 넘어서는, 즉 그리스도 없이도 오는 성령, 둘 사이에 어느 쪽으로든 구원이 경험되어진다는 의미이다. 토마스는 "모줌다르가 말하는 이중구원은 예수가 인간 구원에 관련하여 하나님의 궁극적인 진리를 계시하고 하나님과 인간 사이의 유일한 중개자라는 기독교 신앙에 대한 거부다"라고 말하며 모줌다르의 이중구원에 대한 주장을 강하게 비판한다.33

전통적으로 기독교인들은 구원은 오직 예수 그리스도를 통해서만 가능하고, 다른 종교적 전통들을 따르는 모든 사람들은 반드시 그들의 죄를 회개하고 예수를 유일한 구원자이자 "주"(the Lord)

---

32 같은 책.
33 같은 책.

로 인정해야 한다고 주장해 왔다. 이에 따라 하나님의 구속적 은혜는 다른 종교들의 관습이나 그들의 가르침을 통해서 이루어지지 않는다. 이것은 교회 안에서 수 세기를 관통하는 기독교 신학의 중심이다. 모줌다르에 대한 토마스의 비판은 스위스 신학자인 칼 바르트의 주장과 연결되는 부분이 있다. 토마스의 비판과 마찬가지로, 바르트 역시 구원에 대한 성경적 가르침의 기초를 다음과 같이 기술한다.

세상을 용납함에 하나님은 인간의 다른 시도들, 즉 우리 인간의 의로움과 성화와 구원에 대한 모든 노력들을 다른 무언가로 대체하신다. 그것은 바로 예수 그리스도를 통한 그의 계시이다. 우리 인간의 의로움과 성화와 구원이 유지되는 하나님의 계시는 예수 그리스도 안에서 모든 인간을 위해 역사 속에서 단 한 번 성취되었다.[34]

바르트의 말에 따르면 기독교 신앙의 관점에서 하나님의 구원은 예수 그리스도의 구속적 사건과 독점적으로 관련이 된다.

모줌다르에 대한 토마스의 세 번째 비판은 다른 종교들 속에서 역사하는 성령에 대한 부분이다. 토마스는 아들 예수의 권능은 아버지 하나님뿐만 아니라 성령을 통해서도 온다고 말하는 모줌다르

---

34 Karl Barth, *The Revelation of God as the Abolition of Religion* in John Hick and Brian Hebblethwaite, eds. *Christianity and Other Religions,* 11.

의 말을 어느 정도 인정은 하나, 이것이 반대일 경우, 즉 성령이 아들 예수에 선행하여 다른 종교들을 통해 경험되어진다는 것은 타당하지 않다고 말한다.[35] 모줌다르는 성령에 대한 기독교의 교리와 힌두교의 교리는 성령의 자기표현이 해석되어지는 것과 경험되어지는 것에서 연결점이 있다고 확신했지만, 토마스는 이에 대해 다음과 같이 반박한다.

> 기독교와 힌두교 이 두 종교는 성령의 자기표현이 해석되어지는 것과 경험되어지는 것에서 연결되는 부분이 있다고 모줌다르는 말했다. 모줌다르의 사고 속에 그 "연결점"은 서로에게 독립되며 서로에게 보완이 되는 두 가지 성령의 계시와 관련이 있다. 이렇게 되면 명확하게 성령은 아들 예수를 통해 진행하는 "영"이기를 중단하는 셈이다.[36]

모줌다르는 모든 종교가 한 성령 안에 있다고 보았고 이러한 그의 신념을 바탕으로 종교들 간의 조화를 원했었다. 하지만 그런 그의 순진한 노력은 필연적으로 예수 그리스도가 인간 구원에 불가결하지 않다고 여기게 된다. 따라서 토마스는 모줌다르의 신학

---

35 예수를 믿어야 성령이 역사하느냐, 아니면 예수 없이도 성령의 역사가 있을 수 있느냐 하는 부분은 지금도 신학적으로 논란의 여지가 있는 부분이다. 토마스는 전자를 완전히 부정하지는 않지만, 후자를 지지한다.

36 Thomas, *Acknowledged Christ*, 97-98.

은 그리스도를 아버지 하나님의 구속적 역사를 위한 추상적인 "영"
으로 대체하고 있다고 지적한다.

위에서 살펴본 것처럼, 모줌다르는 한 영의 지도 아래 예수 그
리스도의 십자가와 떨어진 구원의 가능성을 인정한다. 하지만 이
에 반박하며 하나님의 구원의 역사는 다른 종교들을 통해 올 수
없다고 토마스는 분명하게 말한다. 이는 토마스에게 예수 그리스
도 안에 있는 하나님은 스스로 세상의 죄를 짊어지고, 모든 인간의
죄가 그의 위에 내던져지고, 그래서 인간과 관계 맺기를 열망하는
존재라는 것이 명확하기 때문이다. 그러므로 제한 없는 성령의 활
동에 근거한 보편적 종교를 바라는 모줌다르의 신학은 토마스에게
정당화될 수 없다. 이는 성령에 대한 모줌다르의 신학이 인류를
위한 부활의 중개자로서의 그리스도에 대한 성경의 원칙을 진지하
게 고려하지 못했기 때문이다.

4. 스와미 비베카난다(Swami Vivekananda, 1863~1902)

20세기 힌두교의 개혁 시대에 일어났던 대표적인 운동인 '라마
크리슈나 운동'(Ramakrishna movement)은 확고한 힌두교 영성을
형성하려는 힌두교의 종교적·정신적 회생 운동이다. 이 운동의 주
안점은 실제로 존재하는 유일한 하나의 신을 명확하게 인식하자는

것이다. 이에 따라 라마크리슈나 운동은 신에 대한 한 개인의 경험이 본질적으로는 그 사람 영혼의 진상(inwardness)에 있다고 말한다. 비베카난다는 이 라마크리슈나 운동을 주도적으로 이끌었던 인물이다. 이 운동 가운데 그는 한 종교적 체계인 '힌두교적 불이일원론'(Vedantic Adaitism) 개념을 만들어 냈다. 이 개념으로 인해 인도인들은 예수 그리스도를 포함하여 모든 다른 종교의 신들을 힌두교의 종교적 체험 안에서 해석하기 시작했다. 즉 비베카난다의 지도 아래 많은 인도인들은 예수 그리스도를 '아드바이타'(Advaita) 철학37을 기반으로 바라보았다는 것이다.

이쉬탐으로서의 그리스도

인도어 '이쉬탐'(Ishtam)은 문자 그대로 하면 영어의 'desirable'(바람직한)과 같은 단어이다. 하지만 철학적인 의미의 이쉬탐은 유일신에 대한 최고의 헌신을 의미한다. 이쉬탐 이론은 최고의 신에 도달하는 종교적 길의 다양성을 옹호하며, 이에 따라 모든 각 종교들의 교리는 해당 종교 신자들에게 정당화된다. 이러한 이쉬탐 이론은 비베카난다가 종교들 간의 관계를 해석하는 데에 굉장히 중요한 논리이다. 비베카난다는 절대적 진리는 오직 하나이지만, 영적

---

37 진정한 자아는 형이상학적인 신(브라만)과 같다는 철학이 아드바이타 철학이다. 불교에서 해탈의 경지라는 개념과 비슷하다.

자기완성(Advaita Realization)으로서의 진리는 언제나 다양한 방법
으로 드러난다고 말한다.

> 모순되는 것 같아도 우리는 서로가 다 진리일 수 있다는 것을 기억해
> 야 한다. 태양의 중심으로 모이는 반지름은 셀 수 없이 많다. 두 반지
> 름이 중심에서 멀어질수록 그들의 거리는 더 멀어진다. 하지만 그 모
> 든 것들이 중심에서 만나면 서로 간의 차이와 다름은 모두 사라진다.
> 이와 마찬가지로, 인류의 절대적 목표인 그런 중심이 있다. 우리는
> '반지름'이다. 이 반지름들 사이에 있는 거리, 즉 우리들 사이에 있는
> 차이와 다름은 우리가 홀로 하나님의 뜻을 붙잡을 수 있다고 믿는 한
> 계들이다.[38]

이쉬탐 이론은 각 종교인들의 영적 성장을 반대하지 않는다. 오
히려 서로 다른 새로운 진리들에 대한 배움과 흡수의 과정을 통해
종교인들이 각자의 교리와 체험을 통해 영적으로 성장하길 촉구한
다.[39] 이쉬탐 이론에 따르면 기독교인은 힌두교인이 될 필요가 없
고, 반대로 힌두교인 또한 기독교인이 될 필요가 없다. 각 종교인은
그들의 영성이 성장하기 위해서 타 종교의 정신을 배워야 하고, 더

---

38 *The Complete Works of the Swami Vivekananda*, 5th ed. vol. 1, Ⅳ (Almora, India: Advaita Ashrama, 1931), 51; as quoted in Thomas, *Acknowledged Christ*, 119.
39 Thomas, *Acknowledged Christ*, 119

나아가 자신의 것으로 동화시켜야 한다. 그러므로 진정한 종교는 한 개인의 영성에만 의존한다.

이쉬탐의 원리가 종교의 본질이라는 확신으로 인해 비베카난다는 예수 그리스도의 역사성과 인성의 과장을 경계한다. 그는 기독교가 예수의 인성을 예수의 신성에 대한 보편적 원리로부터 분리할 수 없다고 여기는 것이 기독교의 심각한 문제라고 생각했다. 그는 이에 대해 다음과 같이 말한다.

> 예수의 제자들은 주님이 단 한 번 그 자신을 드러내 보일 수 있다고 생각했다. 하지만 거기엔 상당한 오류가 있다. 하나님은 그 자신을 사람의 모습으로 드러내셨다. 한 번 일어난 무언가는 그 '본성'(Nature)을 통하여 반드시 전에도 일어났었고, 미래에도 또한 반드시 일어난다. 한 번 발생하면 어떠한 법칙에 묶이지 않고 또다시 발생하는 본성 외에 우리가 주목해야 할 것은 아무것도 없다. 그러므로 나사렛 예수 안에서뿐만 아니라, 예수에 선행했었던, 또 그의 이후에 왔던 그리고 아직 오지 않은 모든 위인들 안에서도 하나님을 찾자. 우리의 영적 예배는 특정 종교나 특정 선지자에 묶여있지 않고 신 앞에 자유롭다. 역사 속 모든 위인들은 모두 다 같은 하나님의 현현이다.[40]

---

40 *The Complete Works of the Swami Vivekananda*, 147; as quoted in Thomas, *Acknowledged Christ*, 121.

비베카난다는 예수의 역사성과 인성을 그리스도 복음의 비본질적 부분인 "우연"으로 간주한다. 그에게 예수는 인성이 삭제된 신적 현현 중 하나인 것이다.

이러한 맥락에서 비베카난다는 힌두교의 교리를 실천적으로 발전시키길 원했다. 그래서 그는 '카르마 요가'[41]와 '지반무크타'[42]와 같은 전통적 힌두 사상들을 실천적으로 재해석하였다. 카르마 요가의 경우, '타인의 편익과 타인을 위한 선행을 추구하는 자' 그리고 '타인을 돕기 위하여 자아의 궁극적 해방과 자기완성을 포기하려는 의지를 가진 자', 이러한 방식으로 카르마 요가를 정의하였다. 또한 지반무크타는 '삶 속에 있는 진정한 자유의 상태를 깨닫고 세상 속으로 들어가는 성인군자'로 여겼다.[43] 이에 따라 비베카난다가 주장한 실천적 카르마 요가와 지반무크타는 라마크리슈나 운동에 기반한 사회적 프로그램들과 서비스 사업들을 제공하는 당위적 논리로서 발전하였다.

---

41 행위적 요가 철학에 기반을 두는 힌두교의 네 가지 정신수련법 중 하나. 특정한 자세를 통해 몸과 마음을 수련하여 정신적으로 초월적 자아와 하나가 되어 황홀경의 상태에 도달하는 것을 목표로 한다.

42 힌두교의 *Advaita Vedanta* 철학 안에서, 신성한 지혜와 힘을 얻고 그것들을 자아에 동화시켜 완전한 자기지식과 자기완성을 이룬 자를 일컫는다.

43 Thomas, *Acknowledged Christ*, 125.

토마스의 반론

　토마스는 비베카난다의 주장에 대해 일부 인정한다. 라마크리슈나 운동이 기독교에 의해 제기된 인간 삶의 진리와 가치들을 전통적 힌두교 사상과 방식으로 해석하는 것을 긍정적으로 보는 것이다. 비베카난다는 확실히 힌두교를 현대 인도에서 제기되는 인간 삶의 실질적 문제들에 관련시키려고 노력하였다. 더욱이 토마스는 인도의 교회들이 올바른 도덕성을 갖추기 위해 신비주의와 형이상학에 대해 전적으로 부정적이거나 무관심한 태도를 취하면 안 된다고 말하는 비베카난다의 신비주의적 신학도 긍정적으로 받아들인다. 이와 관련하여 토마스는 다음과 같이 말한다. "나의 관심사는 인간의 영성과 형이상학이 우리 삶의 도덕적 재건에 기여해야 한다는 것이다. 따라서 인도의 교회는 인도의 사회와 역사 속에서 정신적이고 도덕적인 목적을 위한 기독교 신앙이라는 문맥 안에 신비주의와 형이상학의 긍정적 의미를 규정하는 것에 관심을 두어야 한다."[44] 분명 비베카난다의 신학은 중요한 점을 지적하였다. 현대의 인도 사회 안에서 개인의 도덕적 갱생이 중요하다는 것과 인도의 모든 종교 안에서 "진리"에 관하여 매우 중대한 기준을 세웠다는 것이다. 그래서 토마스는 도덕적으로 회복하는 것과

---

44 같은 책, 145.

사회적으로 진보하기 위한 변혁의 동기를 제공하기 위해 비베카난 다 신학을 조명하는 것은 적절하다고 본다.

그럼에도 불구하고 토마스는 다른 복음주의적 학자들의 비평을 인용하며 비베카난다 신학의 결점을 지적한다. 토마스와 복음주의 학자들은 비베카난다가 성경의 구절들을 성경의 문맥에서 빼내어 그 자신만의 신학적 체계 안에서 재해석하는 오류를 범한다고 비판한 다. 대표적인 인물로는 인도 벵갈로르의 유나이티드신학교(United Theological College) 총장을 지냈던 찬드란(J. R. Chandran)이다. 찬드 란 교수는 그리스도와 기독교에 대한 비베카난다의 관점에 관하여 나름의 체계적인 연구를 하였고, 이런 연구를 통해 기독교에 대한 비베카난다의 주장이 성경 말씀을 성경의 문맥 밖에서 그 자신만의 분석에만 의존하여 말씀을 부정확한 방식으로 해석한다는 것을 보여 주었다.

예컨대, 찬드란 교수는 문자 그대로 "환상"이나 "마술"을 의미하는 인도어 "maya"와 관련하여 요한복음의 첫 장에 대한 비베카난다의 해석은 나름 "작은 정당성"이 있다고 인정하고, 요한복음이 말씀의 하나님과 성육신 사이의 관계에 대해 말하고 있기에 이 관계는 힌두 교 안에서도 깨달아질 수 있다고 말하는 비베카난다의 주장은 어느 정도 옳다고 인정한다.[45] 물론 헬라어 "Logos"란 단어는 희랍의 형이 상학적인 해석과 밀접하게 연관이 있지만, 찬드란 교수는 다음과 같이 주장한다. "사실 복음주의자는 복음의 종교적 확신으로써의 형이 상학적 해석에 큰 관심이 없다. 로고스는 단순한 '단어'가 아니고 예 수의 가르침의 핵심을 형성하는 '말씀이 육신이 되다'를 의미하기 때 문이다. 그래서 복음주의자는 사변적 추론이 아니라 하나님이 이 땅 을 향한 진리의 선포에 관심이 있는 것이다."[46]

위와 같은 찬드란 교수의 주장을 지지하면서 토마스는 요한복음 의 말씀(the Word)과 힌두교의 "maya" 개념 사이에 실제적 유사점은 없다고 다음과 같이 단언한다. "하나님의 실재가 아닌 환상과 허상 의 세상에 속한 'maya'와는 다르게 '말씀'(the Word)은 영원히 하나님 과 함께 있는 하나님의 실재 그 자체이다."[47] 이러한 토마스의 말에 따르면, 힌두교의 maya 개념은 단순히 세상의 어떤 현상, 혹은 표 징이 될 수는 있다. 하지만 요한복음의 말씀(the Word)은 maya와는 다르게 영원한 아버지 하나님과 나사렛 예수 안에서 구현된 말씀을 의미하는 것이다.

또한 토마스는 비베카난다가 기독교의 현상학에 대한 실증적

45 J. R. Chandran, unpublished thesis on *Christian Apologetics in Relation to Vivekananda in the Light of Origen. Contra Celsum*, 162; as quoted in Thomas, *Acknowledged Christ*, 131.

46 Chandran, *Christian Apologetics*, 176; as quoted in Thomas, *Acknowledged Christ*, 131.

47 Thomas, *Acknowledged Christ*, 132.

이고 체계적인 연구를 간과하고 있다고 본다. 토마스에 따르면 비베카난다의 신학은 "신비적 환상과 경험이 모든 종교적 체험들의 목표라고 말하며 그가 하고자 하는 것은 성경에서 비롯된 기독교의 진리를 힌두의 아드바이타(Advaita)의 문맥 안에서 그리고 그에 대한 그의 믿음에 비추어 해석하는 것이다."[48] 이것은 그리스도 안에 이루어지는 '궁극적 실현'은 타 종교들의 정신적 깨우침을 통해서도 가능하다고 말하는 현대 기독교 다원주의자들의 주장과 크게 다르지 않다. 토마스가 말하듯, "모든 진리를 포함한다는 '단일의 종교'는 모두를 포함한다는 추정에 대한 그 자체의 요구가 그것과 마주하는 타 종교들에 의해 모순되지 않는다는 것을 분명히 보여 줘야 할 불가피성을 지니고 있다."[49] 구체적으로 말해서, 만약 기독교들이 힌두교 안에도 그리스도가 있다고 말할 수 있다면, 반대로 힌두교인도 기독교 안에 브라만이 있다고 말할 수 있어야 하기 때문이다.

또한 토마스는 다양한 종교적 신앙들 안에서 유일한 신에 대한 헌신을 추구하는 비베카난다의 이쉬탐 신학을 비판하며 비베카난다의 사상은 결국 아무 목적도 없는 모호한 개념으로 요약된다고 지적한다. 앞서 다루었던 센의 그리스도론에서 볼 수 있는 종말에 대한 인식의 결핍과 마찬가지로 비베카난다의 관점에는 존재론적

---

48 같은 책, 144.
49 같은 책, 145.

인 한 개인과 신의 활동 사이에 그 어떠한 중요한 관계도 없다. 토마스는 하나님의 역사에 대한 기독교의 이해는 반드시 하나님의 최종적인 목적과 일치해야 한다고 말한다.[50] 기독교인은 인간의 역사를 위한 하나님의 궁극적 목적인 종말론적 현실에 반드시 직면해야 한다는 토마스의 주장은 확실히 옳다. 비베카난다의 이쉬탐 신학은 타 종교 신자들에게 솔직함과 진실한 개방성(openness)을 유지하는 것의 중요성과 타 종교 안에 역사하는 성령에 대한 인정을 요구한다. 그리고 이는 종교에 대한 수용적 태도, 즉 관용적 태도를 보여주기에 신학적으로 정당하게 보일 수도 있다. 하지만 성령 역사하는 것의 주된 목적은 하나님을 세상과 화해시킨 "죽임당한 어린 양"을 드러내는 것이다. 이것이 성령의 진정한 활동이다. 그러기에 토마스는 "세상을 위한 하나님의 목적의 유일한 계시"가 성령의 가장 중요한 활동이라고 말한다.

5. 라다크리슈난(Sarvepalli Radhakrishnan, 1888~1975)

라다크리슈난은 인도의 대표적인 철학자이자 영국으로부터 해방된 독립 국가 인도의 2대 대통령을 지냈던 정치인이다. 라다크

---

50 같은 책, 147.

리슈난은 비베카난다가 그에게 힌두교에 대해 일깨워준 민족적 긍지를 그의 신학의 중심에 위치시켰다. 그리고 그는 힌두교에 대한 기독교 영향을 긍정적으로 보며 진리에 대해 깊이 탐구하였다. 이에 따라 그는 힌두교 사상의 핵심인 '아드바이타 베단타'(Advaita Vedanta)의 관점에서 그리스도를 해석한다.

신비적 그리스도

라다크리슈난의 신학의 출발점은 '이나나'(jnana, 지식)라 불리는 브라만(우주적 자아, 혹은 우주의 원리로서 궁극적 존재)에 대한 영적 각성이다. 그의 관점에서 이나나는 인간이 세상에서 경험하는 브라만의 계시에 대한 지식이다. 인간은 신이 세상에 계시한 만큼만 신을 인식할 수 있다는 것이다.[51] 그리고 라다크리슈난에게 이러한 신의 계시는 인간 삶에 생기를 주는 이상(ideal)과 종교적 극치의 원리인 '브라만'이다. 따라서 라다크리슈난은 한 인간이 특정 종교의 교리가 아닌 이나나와 같은 정신적 지혜에 의해 그의 자아를 깨달을 수 있다고 믿는다.

라다크리슈난에게 부활의 개념은 매우 관념적이고 영지적(gnostic)이다. 이에 대해 그는 이렇게 말한다. "부활은 단순히 무덤

---

51 같은 책, 151.

에서 죽은 자들이 일어나는 것이 아니다. 진정한 부활은 자기도취의 죽음으로부터 사심 없는 사랑의 삶을 향한 길이고, 이기적인 어두움으로부터 우주적 정신의 빛으로, 거짓에서 진리로, 노예에서 자유인이 되는 대전환이다."[52] 이를 다른 말로 하면, 항구적 자유를 위한 이기적 자아의 포기가 부활에 대한 온전한 의미라는 것이다.

라다크리슈난은 힌두교가 예수의 정신과 기독교 역사의 흐름을 형성하는 데 어떻게 중요한 역할을 할 수 있는지 고민하였다. 이런 고민을 통해 예수 그리스도의 삶과 메시지는 라다크리슈난 자신의 힌두교적 체계 안에서 가장 잘 이해될 수 있다고 확신하였다. 그는 기독교에서 말하는 예수의 정체성, 즉 사람이면서 동시에 하나님의 아들이라는 개념은 유대적 배경에서 온 것이 아니고 북부 인도의 초기 원주민이었던 고대 아리아인들에게서부터 왔다고 주장한다.[53] 라다크리슈난은 저명한 독일 신학자인 오토 박사(Rudolf Otto)의 책 *The Son of Man and the Kingdom of God*를 인용하며 자신의 견해를 주장한다. 오토 박사는 다음과 같이 말한다. "세상에 분명 존재했었고, 원시적이고 형언할 수 없을 만큼 먼 토착의 신과 관련된 한 존재의 모습은 아리아인들 사이에선 아주 오래된 개념이다. 따라서 성경 속에 나오는 '인자'(the Son of Man)라

---

52 같은 책, 153.
53 같은 책, 155.

는 개념은 동방 아리안 민족의 분명한 영향을 보여준다." 오토 박사는 또한 다음과 같이 말하며 그의 말을 보충한다. "에녹[54]의 하나님에 기인하는 서술들은 우파니샤드(Upanishad)[55]안에서 많이 발견되는 것들이다. 그러니 이것은 에녹이 보여주었고 후대의 예수가 이어가는 고대 힌두교의 전통이다."[56]

이러한 오토 박사의 주장을 바탕으로 라다크리슈난은 성경의 공관복음서들이 서로 맞물릴 수 없는 "서로 다른 유대교적이고 신비주의적인 두 개의 기류"를 보여준다고 생각한다.

> 공관복음서들을 보면 유대교적인 것과 신비주의적인 것, 혹은 유물론적인 것과 정신적인 것, 이렇게 서로 다른 두 가지의 기류가 보인다. 또한 이는 예수의 사고와 행동 속에서 온전히 조정되지 않았다. 하나님 나라의 메시아적 개념은 팔레스타인의 전통에 속하지만, 반면 신비주의적 개념은 인도 사상의 발전적 형태이다. 예수의 사고와 행동에서 보이는 보편주의와 수동성은 그의 유대 조상들의 배타성 그리고 군국주의와 상반된다.[57]

---

54 성경 창세기에 나오는 인물. 죽음을 경험하지 않고 그의 나이 365세에 하나님이 직접 데려가는 인물로 묘사된다.

55 힌두교의 사상적 토대를 이루는 철학적 문헌들의 집성체.

56 Otto, as quoted in S. Radhakrishnan, *Eastern Religions and Western Thought* (London, UK: Oxford University Press, 1939), 187.

57 Thomas, *Acknowledged Christ*, 155.

라다크리슈난은 공관복음이 예수의 사고 속에서 유대교적 배경과 양립할 수 없는 개념인 "신비주의적 기류"를 담고 있다고 말하며 이는 초기 기독교가 영지주의 또는 신플라톤 철학과 같은 신비주의가 지배적이던 당시 종교 사상적 풍조 안에서 형태를 갖추며 발전했다고 보는 것이다. 또한 그는 심지어 사도 바울조차도 신비주의적 사상을 가지고 예수 그리스도를 보고 있다고 주장한다.

바울에게 예수는 하나님이 아니고 오직 주(the Lord)였다. 바울이 보여주는 로고스의 신플라톤적 사상에 대한 강조는 예수의 생애를 신비주의적인 모습으로 보고 있는 것이다. 바울은 그의 서신들에서 예수의 이름을 사용할 때 오직 상징적 방식으로 기술하였다. 이는 사도 바울이 어떻게 '우리의 모든 선조들은 정신적 반석인 그리스도를 마셨는지'[고전10:4]와 그리스도의 개념이 어떻게 우리 각자의 사고 안에서 형성되어지는지 상징적으로 말하고 있기 때문이다. 확실히 바울은 우리에게 예수의 역사성을 과대 평가하지 말고 예수의 생애를 형이상학적 진리로써 보라고 충고한다. 사도 바울이 가지고 있던 기독교적 사상의 토대는 외면적 계시가 아니고 환영(vision)에 기초한다.[58]

---

58 Radhakrishnan, *Eastern Religions*, 220; as quoted in Thomas, *Acknowledged Christ*, 157.

이러한 라다크리슈난의 주장에 따르면 바울은 그리스도에 대해 신비주의적 이해를 가지고 있었다는 것이다. 다시 말해, 바울에게 그리스도의 삶과 죽음과 부활은 신비주의적 원리에 근거를 두고 있는 일종의 환영이다. 이는 예수의 삶에 대한 바울의 평가가 신플라톤 철학과 영지주의의 세계 안에서 발달했다고 라다크리슈난은 믿고 있기 때문이다.

예수에 대한 이해와 더불어 종교에 대한 라다크리슈난의 이해도 앞서 언급한 센, 모줌다르, 비베카난다의 신학과 크게 다르지 않다. 그는 그가 생각하는 종교에 관하여 다음과 같이 말한다. "역사 속 모든 종교들은 '영적 깨달음'이라는 산의 정상을 향해 가는 길의 다양한 단계에서 진정한 종교적 정신의 서로 다른 유형들이다."[59] 쉽게 말해, 모든 종교의 최종 목적지는 본질적으로 하나라는 것이다. 하나님은 다양한 이미지와 다양한 환상으로 각 종교의 전통들 안에서 각양각색의 옷을 입고 있는 것이다.

토마스의 반론

앞서 다른 인도 사상가들에게 그랬듯이 라다크리슈난의 신학에 대한 평가에서도 토마스는 여러 신학자들의 비판을 적극 인용

---

59 같은 책, 159.

한다. 이 중 한 명은 1장에서 언급했던 디바난단(P. D. Devanandan) 이다. 디바난단은 기독교와 힌두교가 한쪽과 다른 한쪽 사이에서 선택을 요구하는 상호대체 가능한 것이 아니라고 단언한다.[60] 그는 기독교 신앙은 분명하고 본질적인 믿음에 입각한다는 것을 명확히 하며, 모든 종교가 같은 목표로 이어진다는 라다크리슈난의 사상을 강하게 비판한다. 디바난단이 말하는 이 본질적인 믿음이란, "인간을 위해 세상 속에서 구속적으로 일하는 예수 그리스도를 통한 하나님의 계시와 죄 많은 창조물로서의 인간에 대한 이해는 힌두교의 세계관과 양립할 수 없는 믿음"이다.[61] 당연히 이런 기독교 신앙은 힌두교가 말하는 그것과 다르다. 기독교 신앙과 힌두교 신앙은 그들의 핵심적 신념에서 상호 간 배타적이라고 디바난단은 말하고 있는 것이다.

더욱이 디바난단은 모든 종교의 연합에 대한 라다크리슈난의 교리가 기독교인이 보는 종교의 보편성과 무엇이 다른지 다음과 같이 설명한다.

기독교 신앙은 하나님이 예수 그리스도 안에서 온 인류를 위해 무엇

---

60 P. D. Devanandan, *Christian Concern in Hinduism* (India, Bangalore: Christian Institute for the Study of Religion and Society, 1961), 98; as quoted in Thomas, *Acknowledged Christ*, 167.

61 Devanandan, *Christian Concern*, 92; as quoted in Thomas, *Acknowledged Christ*, 166.

을 행하셨는지에 관한 것이다. 그래서 예수의 유일성에 대한 주장은 오직 그 자체의 보편성에 대한 확신이 된다. 인간의 온전함과 진정한 자각을 위해 전능하신 하나님은 그 자신을 잠시 동안 인간들과 동일시하셨다. 하나님이 스스로 행하신 인간과의 동일시는 하나님의 창조역사 안에서 새로운 시대를 개시한다. 이것은 인간의 신앙과 언어와 민족이 무엇이든 간에, 하나님이 전 인류 모든 공동체를 용납하는 구속적 운동의 흔적을 남겼다.[62]

디바난단은 기독교가 말하는 보편성이란 오직 예수 그리스도의 유일성에 기반을 둔다고 단언하고 있다. 기독교 신앙과 '베단타,' 즉 힌두교 신앙은 예수 그리스도의 본성, 진정한 연합의 영적 자각 그리고 그것을 성취하는 방법에 대해 서로 근본적으로 다르다.

라다크리슈난의 신학을 비판하는 또 다른 신학자는 모세스(D. G. Moses)이다. 그는 하나님이 모든 것을 포함한다는 말과 모든 종교의 신앙이 하나님에 대한 표현이라는 말은 둘 다 가능하지 않다고 주장한다. 그는 이렇게 말한다.

'브라만'과 같은 불변의 실재(Reality)는 모든 것을 포함하는 전체가

---

62 P. D. Pevanandan, *Preparation for Dialogue* (India, Bangalore: Christian Institute for the Study of Religion and Society, 1964), 137; as quoted in Thomas, *Acknowledged Christ*, 168.

아니다. 인간은 여러 특징 중 오직 하나만을 표현한다. 그 표현은 반드시 다른 특징들에 대해 어느 정도 동일한 본성을 가지고 있어야 한다. 여러 가지 방식 중 초월적 자아의 동일한 본성을 표현하는 어떠한 힘은 전체의 부분적인 양상으로 여겨진다. 그럼 서로 모순되는 힘들, 즉 자애로운 힘과 악의적인 힘과 같은 것들은 어떻게 서로 같은 실재(Reality)를 반영하는가? 만약 어떤 최고의 존재(the Supreme)가 단순히 무엇에도 얽매이지 않는 존재가 아니라 뚜렷한 실재(Reality)라면, 오직 그 존재의 본성과 특성으로 구성된 것들만 그에게 이르는 방식으로써 타당할 것이다.[63]

모세스의 주장은 각 종교들이 신의 본질에 대해 상호 배타적인 이해들을 가지고 있기 때문에 모든 종교가 동일하다고 말하는 라다크리슈난의 말은 타당하지 않다고 말하는 것이다. 모든 것을 아우르는 보편적 신에 대한 발상은 포용적 발상이 아니라 오히려 서로 다른 종교들 안에 있는 선한 요소들을 완전한 무시하는 것에 지나지 않는다고 모세스는 경고하고 있다.

또한 토마스는 라다크리슈난에 대한 그의 비판을 뒷받침하기 위해 영국의 신학자 뉴비긴(Lesslie Newbigin)도 언급한다. 종교에 대한 라다크리슈난의 신념의 토대는 모든 종교 안에 있는 보편적

---

63 D. G. Moses, *Religious Truth and the Relation between Religions* (India, Madras: CLS, 1950), 99; as quoted in Thomas, *Acknowledged Christ*, 171.

방식과 서로 내용이 같은 신비주의적 체험들은 영적 자각의 최종
적인 목표라는 것이다. 물론 뉴비긴도 종교들이 가지고 있는 신비
적 체험들의 현실을 의심하지 않는다. 힌두교인과 기독교인 양쪽
다 그들의 신앙에 근거하여 각자의 근본적 교리와 동시에 둘 사이
에 있는 선험적 본성의 유사성은 존재한다. 하지만 그 자체를 같은
신의 단서로써 여기는 신비주의적 논조는 그 체험에서 오는 논리
적 추론이 아닌 단순한 신앙의 결단이라고 뉴비긴은 보고 있다.
이에 대해 그는 다음과 같이 말한다.

> 라다크리슈난이 취하고 있는 관점에서 보면 사실 진정한 다양성은
> 존재하지 않는다. 이는 그가 의도적으로 그의 관심에서 제외시켜버
> 렸기 때문이다. 인간들이 경험하는 서로 다른 종교적 체험들은 하나
> 의 궁극적 신에 대한 단서라고 섣불리 결론짓는 것은 논리적 추론이
> 아니고, 각자의 신앙적 도약이라고 보는 것이 맞다. 왜냐하면 보다 적
> 절한 질문은 "종교적 현상의 다원성과 유일한 신의 관계는 무엇인
> 가"이기 때문이다. 우리는 여기서 최후의 결정인 인간의 판단, 즉 신
> 앙의 결단을 마주한다.[64]

한 사람의 신비적 체험은 그의 인생 안에 있는 모든 현상들의

---

64 Lesslie Newbigin, *A Faith for this One World?* (UK, London: SCM Press, 1961)
39; as quoted in Thomas, *Acknowledged Christ*, 180.

기저에 있는 불안에서 그 자체의 의미를 끌어내며, 그 상태로 완전하게 통합된 의식으로써 해석된다. 이에 대하여 뉴비긴은 한 사람에게 완전히 통합된 의식의 상태란 어떠한 논리에 근거하지 않고 그의 신앙적 결단에 근거한다고 말하는 것이다.

토마스는 라다크리슈난이 '아드바이타'에 기초한 "새 휴머니즘"의 체계를 세우려 노력하였고, 그 노력은 인도에 긍정적인 정신적 기초를 제공했다는 것을 일부 인정한다. 서로 다른 종교 신자들 가운데 보이는 휴머니즘은 라다크리슈난 철학의 핵심이다. 그럼에도 불구하고 토마스는 라다크리슈난이 세상을 인도적(humane)으로 만드는 단일의 절대적 신에 대한 개념을 세우려 했던 것과 그 개념을 가지고 인도에 정신적인 통합을 이루려 했던 그의 과업이 실제로 성공했는지에 대해서는 의구심을 품는다. 구체적으로 말해, 토마스는 라다크리슈난의 철학적 체계에는 막연함과 불완전성의 영역이 있기에 인도인들에게 실제적인 영적 변화를 주지 못했다고 말한다.[65]

토마스는 그리스도와 기독교에 대한 라다크리슈난의 힌두교적 해석에 두 가지 질문을 제기한다. 첫 번째 질문은 다음과 같다. "기독교의 중심에는 인간의 역사적 삶과 그것을 위한 하나님의 목적에 있다고 단정하면서 어떻게 동시에 존재론적 인간의 본질, 즉

---

65 Thomas, *Acknowledged Christ*, 187.

하나님이 세상을 너무 사랑하셔서 인간을 잘못된 목적으로부터 구원하시고 세상을 새롭게 하시기 위하여 그 자신을 예수 그리스도 안에서 인간들에게 주신 바 되셨다는 기독교의 진리를 단정할 것인가?"[66] 토마스는 성경의 핵심 메시지를 간과하는 라다크리슈난을 비판하며, 인도의 기독교 신학은 반드시 성경의 메시지를 한 개인과 공동체의 삶을 위해 그 성경 메시지 자체의 의미에 비추어 해석하는 작업을 우선적으로 해야 한다고 말한다.[67]

토마스의 두 번째 질문은 이렇다. "본질적 심연들이 존재하는 현실, 즉 분명한 인간의 본성과 무한한 존재인 신 사이의 차이와 신이 자신의 본성을 인간과의 중재자로서 통합시킨 예수 그리스도와 모든 인간과의 차이를 설명하기 위해 성육신과 같은 형이상학적 전제들을 어떻게 말할 것인가?" 라다크리슈난의 신학은 신과 인간 사이에 있는 본질적 '다름'(otherness)에 관해 말하고 있지 않다. 여기서 인간이 경험하는 신비, 즉 성령의 임재하시는 '장소'가 어딘지 설명하는 것은 토마스의 신학에 필수적이다. 하지만 라다크리슈난은 성령이 역사하는 그 '장소'를 답하지 못한다.

---

66 같은 책, 188.
67 같은 책.

6. 마하트마 간디(Mahatma Gandhi, 1869~1948)

마하트마 간디는 반식민주의자이자 민족주의자였고, 전 세계에 걸쳐 시민의 권리와 자유를 위한 각종 시민운동에 큰 영감을 주었던 정치윤리주의자였다. 또한 간디는 힌두교 사상과 세속적 이념을 통합함으로써 국제적인 공동체를 꿈꿨던 인물이다. 20세기뿐만 아니라 현대에도 간디의 신학적 중요성과 기독교에 대한 그의 도전은 많은 사람들에게 널리 인식되어왔다.

예수의 산상수훈

앞서 1장에서 언급했듯이, '스와데쉬'(이웃에 대한 사랑)는 간디 철학의 가장 중요한 요소 중 하나이다. 간디는 그의 주요 교리인 스와데쉬의 근원을 힌두교 사상인 '바가바드 기타'(Bhagavad Gita)에서 찾는다. 다음 글을 보면 그의 철학의 근원을 명확히 알 수 있다.

현재에 대한 우리의 존재 의식은 정신적 단계에 맞게 특정 규칙 안에서 살아가야 하는 수련이라 할 수 있다. 예를 들어, 우리의 부모, 탄생 장소, 혹은 조상은 선택할 수 있는 것이 아니다. 그럼 왜 우리는 독립적 개체로서 신에 의해 선택된 각자의 장소에 존재하는 모든 관습들

을 무시하고 무의미하다고 말하는가? '기타'(Gita)는 한 사람의 종교
적 의무 수행이 타인의 종교적 의무를 수행하는 것보다 더 선호된다
고 매우 지혜롭게 말한다.[68]

위와 같은 맥락에서 간디는 신약성서, 특히 예수의 산상수훈은
각기 다른 종교의 신자들이 각자의 종교적 의무를 다할 수 있도록
돕는다고 본다. 또한 신약성서의 정신은 '기타'의 정신과도 매우 관
련이 있다고 여긴다. 간디의 다음 글을 보면 잘 알 수 있다.

신약성서, 특히 내 마음의 중심에 곧장 다가오는 예수의 산상수훈은
내가 지금까지 경험해보지 못한 새로운 인상을 만들어 냈다. 나는 이
것을 '기타'의 정신과 비교한다. 나의 순전한 마음은 아시아의 빛인
'기타'의 가르침과 산상수훈의 가르침을 통합하기 위해 애를 쓰고 있
다. 그 통합의 과정은 나에게 설득력 있게 다가오는 종교의 가장 높은
이상적 모습이다.[69]

간디에게 산상수훈은 예수 메시지의 핵심이고, 이는 간디로 하
여금 예수를 사모하게 하는 진정한 설교였던 것이다. 예수가 그에

---

68 M. K. Gandhi, *The Law of Love.* ed. Anand T. Hirigorami (Bombay, India:
   Christian Missions, 1962), 86; as quoted in Thomas, *Acknowledged Christ,* 197.
69 Mahatma Gandhi, *The Message of Jesus Christ* (Herndon: Greenleaf Books, 1980), 2.

게 "악에 대한 비폭력" 가르침의 권위자로서 큰 영감을 주었다는 것은 간디의 많은 저술에서 잘 드러난다. 그러니 진정한 "기독교인의 삶"을 살기 원했던 그에게 산상수훈은 기독교의 핵심이자 전부였다. 게다가 간디에게 예수 그리스도의 십자가 사건도 산상수훈 가르침과 마찬가지로 비폭력 정신을 보여준 한 윤리적 원리였다. 간디는 인도가 이런 십자가 원리를 조국을 보호하는 힘으로써 받아들이길 원했다. 간디는 예수를 순교자, 진정한 희생의 구현 그리고 세상을 향한 위대한 윤리적 모범으로 받아들인 것이다. 이는 간디가 스스로 고백한 한 문장을 보면 알 수 있다. "나에게 영원히 변함없이 남아 있는 것은 예수가 인류에게 새로운 법을 주기 위해 이 땅에 왔다는 사실이다."[70]

하지만 인류의 정신적 진보 안에서 예수 그리스도의 그 어떤 유일성도 간디의 사상에서는 제외된다. 예수의 유일성에 대한 전통적 기독교 교리의 대표적인 예는 '신의 속죄'(divine atonement)에 대한 교리이다. 하지만 간디는 죄의 결과로부터의 구원을 믿지 않았고, 죄의 '개념'으로부터 인간은 구원되어질 수 있다고 믿었다. 따라서 그에게 진정한 용서의 의미는 모든 유혹의 힘에 저항할 수 있는 선한 힘을 가지고 죄를 짓는 행위를 최대한 피하는 것이었다. 이러한 신념에 의해 간디는 예수 그리스도를 통한 속죄, 즉 하나님

---

70 같은 책, 35.

의 용서의 개념을 거부하였다. 간디에게 예수는 인류의 많은 위인과 선지자 중 뛰어난 한 명일 뿐이었던 것이다.

다음으로, 종교의 평등(Equality of religions)은 간디의 중요한 사상 중 하나이다. 종교 평등에 대한 그의 사상을 세 가지 근거로 나누어 본다면, 우선 이는 모든 인간 존재 위에 있는 신의 불가해하고 불가지적인 특성에 근거한다. 간디는 이렇게 말한다. "신은 형체가 없으며 나누어지지 않는다. 신은 아버지도, 어머니도, 아이도 없고, 그 자신을 인간들에게 아버지로서, 어머니로서, 아내로서, 아이로서 숭배받도록 한다."[71] 둘째로, 종교의 평등에 대한 간디의 신념은 여러 형태의 신적 계시들과 그 계시들에 대한 인간의 종교적 응답의 다양한 모습들에 근거한다. 이러한 간디의 신념에 따르면, "신의 계시는 한 민족이나 한 부족이 독점할 수 없다. 모든 종교의 경전들은 신의 계시이다. 그렇기에 상호 간 존중과 타 종교 신자들에 대한 관용은 필히 요구되어야 한다."[72] 간디에게 모든 종교는 모두 같은 근원을 가지고 있기 때문에 서로 동일하다. 따라서 간디의 신념 안에서 모든 종교의 정신은 하나이고, 이 정신은 여러 형태 안에 둘러싸여 있는 것으로 간주된다.

마지막으로 모든 종교가 동일하다는 그의 확신은 모든 종교는

---

71 M. K. Gandhi, *Christian Missions* (Ahmedabad, India: Navajivan Press, 1940), 32; as quoted in Thomas, *Acknowledged Christ*, 201.

72 Thomas, *Acknowledged Christ*, 203.

많은 오류와 결함을 가지고 있다는 그의 확신에 근거한다. 토마스에 의하면, 간디는 종교에 대한 깊은 연구를 하고 난 후, 모든 종교는 다 옳지만, 또한 모두 온전치 못하다는 결론을 내렸다. 이는 모든 종교는 결국 인간에 의해 만들어지고, 해석되어지고 그래서 인간의 약점과 편견과 불완전성을 지니게 되기 때문이다.[73] 그렇기에 모든 종교는 각자의 도덕적 교정과 갱생이 필요하다고 간디는 굳게 믿었던 것이다.

토마스의 반론

1장에서 본 것처럼, 토마스는 정치적·사회적 정의를 위해 분투하는 간디의 철학을 매우 긍정적으로 평가한다. 그래서 토마스는 그리스도와 기독교에 관한 간디의 견해에 상당히 많은 부분을 공유했던 일부 기독교 신학자들에 공감한다. 그중 한 명은 '간디주의 운동'(the Gandhian Movement)에 직접적으로 참여하고 간디 철학을 전파하는 핵심 인물이었던 조지(S. K. George)이다. 조지는 기독교의 중심 사상은 하나님 나라에 대한 그리스도의 메시지고, 하나님 나라를 깨닫는 길은 십자가라고 확신하였다. 조지가 1930년부터 1932년까지 인도에서 일어났던 '시민불복종 운동'(the Civil Disobedience

---

73 같은 책.

Movement)에 가담해 활동하는 동안, 그는 그의 일생일대의 과업은 자신이 참여하고 있는 운동의 사상에 모든 인도 기독교인들을 참여하게 하여 그들로 하여금 나사렛 예수의 십자가를 비폭력 사상으로써 최고의 모범으로 믿게 하는 것"이라 굳게 믿었다.[74] 조지는 간디의 비폭력 사상이 나사렛 예수의 십자가를 민족 해방을 위한 고통 받는 사랑으로써 완벽한 본보기가 된다고 보았던 것이다.

토마스는 간디의 견해를 지지하는 또 다른 신학자로 앤드류스 (C. F. Andrews)를 언급한다. 영국인 신부이자 인도에서 사회개혁을 외쳤던 앤드류스 역시 기독교 신학자이자 간디주의자였던 인물이다. 그는 윤리에 대한 간디의 강조점을 주목하였다. 앤드류스는 그리스도가 '영적 자각'의 실제적 체험이라 믿었기에, 철학적 수사로 표현된 '영적 자각' 대한 모든 정의들(definitions)을 반대하였다.[75] 따라서 앤드류스는 그리스도에게 형이상학적 서술은 불필요하다 보았고, 그리스도를 통한 윤리적 각성과 도덕적 수양만이 중요하였다.

간디를 호의적으로 보지만 조지나 앤드류스의 긍정적 평가와는 대조적이었던 기독교 복음주의자들도 있었다. 토마스는 복음주의적 관점을 가지고 간디를 평가하였던 존스(E. Stanley Jones)를 인용한다. 존스는 그리스도의 복음을 단지 하나의 종교로써 이해하

---

74 같은 책, 215.
75 같은 책, 218.

는 건 불가능하다고 주장했던 인물이다. 이에 대해 존스는 이렇게 말한다. "세상에 많은 종교들이 있지만 진정한 복음은 하나다. 다른 종교들이 그러는 것처럼 복음도 사람에 의한 체계, 즉 불완전하고 오류가 많은 원리에 직면하는 건 분명한 사실이다. 하지만 우리가 선포하는 것은 그러한 원리나 체계가 아니고 '구원자'이다. 구원자 그리스도는 복음 그 자체이다."[76]

간디는 산상수훈과 같은 기독교의 원칙을 그 자체를 가지고 한 종교로써 이해하였지만, 이에 대해 존스는 간디가 기독교 신앙은 예수 그리스도를 통해서만 이해된다는 것을 전혀 보지 못했다고 말한다. 존스에게 그리스도는 종교에 대한 모든 담론을 위한 절대적 사안인 것이다. 그는 인도인들을 향해 이렇게 호소한다.

> 그리스도는 보편적(universal)이지만, 하나님은 그리스도의 보편성 (universality)을 위해 특정 지역, 특정 시대, 특정 문화와 같은 특정한 방식을 사용하셨다. 나는 인도에 있는 당신이 당신의 문화와 종교를 더욱 풍성케 할 완전한 표상인 보편적 그리스도(universal Christ)에 대한 온전한 해석에 이르기를 기대한다. 현재 간디는 죽었지만, 그의 위대한 사상이 남아 있는 지금이 바로 그럴 때이다. 서양에 있는 우리는 도달하지 못할 그리스도의 측면을 당신은 이해할 수 있을 것이라

---

76 E. Stanley Jones, *Mahatma Gandhi: An Interpretation* (London, UK: Hodder & Stoughton, 1948), 11; as quoted in Thomas, *Acknowledged Christ,* 228.

확신한다. 당신들의 위대한 문화적, 종교적 유산들을 통해 당신들의 자손들(the sons of men)로 하여금 '인자'(the Son of Man)를 이해하도록 만들 수 있을 것이다.[77]

위의 글은 인도인들을 향한 존스의 간절한 바람이다. 존스는 간디가 그리스도에 대해 인도식 해석에 도움이 되는 신학적 토양을 만들었다는 것은 인정하지만, 결국 간디는 인간의 본질적 죄를 속죄하기 위해 신성한 행위를 이행했고 그렇게 함으로써 결국 진정한 보편적 그리스도(the universal Christ)가 된 한 인간 예수 그리스도는 보지 못했다고 말한다. 존스는 인도인들이 그들의 문화적 유산을 더욱 풍성케 하기 위해 십자가에서 죽으시고 다시 사신 예수를 그들의 유산 안에서 재고하기를 원했다.

이러한 존스의 평가를 바탕으로 토마스는 간디의 사상은 인간의 영혼을 모든 악의 근원인 '순수한 본질적' 자아와 동일시한다고 말한다. 물론 토마스는 도덕적 기준들에 대한 지식과 구원을 향한 길로써 "육신의 정욕"(롬 13:14)에 대항하는 그 원리들을 인간 삶에 체계적으로 적용하려 했던 간디의 노력을 상당히 인정한다. 하지만 그럼에도 토마스는 다음과 같이 말한다. "간디는 한 인간이 자신의 사리사욕과 자신의 의로움을 위해 도덕적 이상주의를 활용

---

77 Jones, *Mahatma Gandhi*, 85; as quoted in Thomas, *Acknowledged Christ*, 229.

한다는 차원을 보지 않는다."[78] 한 인간이 정신적 수행과 같은 특정 행위 안에서 그만의 의로움을 찾는 '도덕적' 영성은 사실 정확히 그것이 기독교에서 말하는 죄의 본질이고, 이에 대해 신의 용서만이 유일한 해답이라고 말하는 기독교 교리를 간디는 전혀 이해하지 못하고 있는 것이다. 토마스는 자기 의로움에 대해서 그 어떤 고상한 도덕적 원리나 본질적 해결책은 없다고 단언한다.

간디는 죄의 이러한 차원과 신적 용서의 필요를 간과했기 때문에 그의 시선은 예수의 도덕적 원칙들에서부터 개인 예수로 옮겨가질 못했다. 토마스는 기독교에 대한 간디의 도전은 단지 그의 주장을 증명하는 수준으로 남아 있지 않다고 본다. 토마스는 이렇게 말한다. "인도 안에 여러 종교 공동체들과 세속적 이념들 가운데서 예수의 증인이 되고자 하는 인도교회의 헌신에 대한 이해를 위해 산상수훈 윤리의 더 온전한 의미를 탐구하는 것은 한 인간 예수 그리스도 안에서 하나님이 그 자신을 세상과 화해시키는 또 다른 수준으로 남아 있다."[79] 기독교 신학의 핵심을 간과한 간디의 신학적 도전은 그 자체의 정당성이 부족하다고 말하는 것이다.

---

78 같은 책, 235.
79 같은 책, 236.

III장 • 예수 그리스도의 유일성

앞서 2장에 나왔던 인도 사상가들은 최소한 유일한 하나의 신을 말하고 있다. 이것은 신적 권위에 대한 확고한 신념과 베다[1]에 대한 영감이 인도인들에게 오랜 세월 "고정된 교리"였기 때문이다. 신의 주도성과 권위에 대한 베다적 개념은 성경이 다음과 같이 말하듯, "너는 오늘 위로 하늘에나 아래로 땅에 오직 여호와는 하나님이시오 신이 없는 줄을 알아 명심하고"(신 4:39), 기독교의 중심되는 신념과 유사하게 보일 수 있다. 하지만 오히려 인도 사상가들의 이러한 인식 때문에 그들은 예수 그리스도의 정체성을 면밀히 보지 못하였다. 인간 존재의 죄성, 이로 인한 죄의 상태에서 하나님과 연결되기 위한 속죄의 절대적 필요, 하나님의 의로움의 진정

---

1 힌두교에서 말하는 단일의 궁극적이고 순수한 영적 실재.

한 특성 그리고 아버지 하나님으로부터 보냄을 받은 아들로서의 예수 그리스도를 통한 용서의 개념, 이런 것들을 그들은 파악하지 못하였다. 인도 사상가들의 그리스도에 대한 지적 결핍에 관하여 토마스는 인류를 향한 하나님의 계시인 예수 그리스도의 유일성을 인도인들에게 역설하며 인간의 죄성에 대한 "심판자이자 구원자인 그리스도의 궁극성"을 말하는 기독교인의 고백을 인도인들의 신앙 안에서 재발견하길 소망하였다.[2]

1. 말씀이 육신이 된 그리스도

예수의 역사성

토마스는 예수의 역사성에 대해 상당히 강조한다. 앞서 2장에서 그리스도를 구원적 사랑의 '상징'으로 여겼던 간디의 가르침에 대한 그의 반론에서 보았듯이, 토마스는 역사적 인물로서의 예수에 대한 중요성을 늘 강조한다. 이에 대해 토마스는 다음과 같이 말한다. "보편성(catholicity)에 대한 기독교의 정통적 접근, 간디주의적 접근, 이 둘 사이에는 선택해야만 하는 양자택일의 기로가

---

2 M. M. Thomas, *Risking Christ for Christ's Sake* (Geneva, Switzerland: WCC Publications, 1987), 7.

있다. 산상수훈의 원리 그 자체에 기반을 두는 한쪽과 하나님과 인간 사이에서 그리고 그들이 속해 있는 종교들과 세속적 신앙들 중에 화해와 조정을 위한 신적 행위인 그리스도의 인성 자체에 기반을 두는 다른 한쪽이다."[3] 이 말은 산상수훈에서 드러나는 인간 윤리의 더 온전한 의미는 단지 예수의 도덕적 가르침 자체가 아니고, 하나님이 세상을 자신과 연결했던 개인 예수 그리스도의 신적 행위라 말하는 것이다.

토마스의 친구였던 필립은 간디의 가르침에 대한 토마스의 위와 같은 단언이 인도인들이 온전한 그리스도론을 구성하는 데에 굉장히 중요하다고 말한다. 필립은 다음과 같이 말한다. "힌두교 전통을 따르는 힌두교의 정신적 지도자들이 역사적 한 개인인 예수를 히브리 배경에서 분리하며 힌두교식 신비주의 측면에서 그리스도를 이해하려 하기 때문이다."[4] 확실히 토마스는 예수 그리스도의 역사성을 기독교 신앙에서 분리하는 비베카난다와 같은 인도 기독교 신학자들에 대해 매우 비판적이었다. 토마스에게 예수 그리스도는 "하나님이 그 자신을 완전히 계시하시고, 인류가 이를 완전히 깨닫는 역사의 일치점"이기 때문이다.[5] 토마스의 견해와 비슷

---

3 Thomas, *The Acknowledged Christ*, 235.

4 Philip, *The Encounter*, 57.

5 M. M. Thomas, *Parivarthanathinte Daivasasthram* (Theology of Social Change) (Tiruvalla, India: Theological Literature Council, 1982), 69; as quoted in Philip, *The Encounter*, 57.

하게 뉴비긴도 다음과 같이 주장한다.

> 십자가는 역사 안에서 발생한 한 사건이기 때문에 인간 역사의 일부
> 다. 이것은 인간사(human affairs)의 거대한 구조 속에서 장소와 시간
> 의 특정 지점에 분명히 위치해 있다. 십자가 사건은 일본의 도쿄나 인
> 도의 마두라스의 밖에서 일어나지 않고 중동 이스라엘의 예루살렘
> 성 밖에서 일어났으며, 10세기나 20세기가 아닌 1세기에 일어난 사
> 건이다. 만약 하나님 통치의 대상이 총체적으로 인류의 역사 안에 포
> 괄적으로 있는 것이라면, 그분의 다스림의 운용방식은 우리 각자를
> 그분의 본성의 일부로써 우리 모두에게 의무를 지우는 것이어야 한
> 다. 이런 경우, 특정 시간과 장소에서 벌어진 단일의 사건은 역사 속
> 모든 인류에게 결정적인 중대성이 있게 된다.[6]

하나님의 통치는 그 자체의 통일성 안에서 온전하게 인간 역사
에 영향을 미치기 때문에 십자가 사건으로부터 2000년 이후에 사
는 우리도 그 하나님의 통치에 연결되고, 예수 그리스도의 삶에
참여함으로써 그 능력을 공유한다고 뉴비긴은 위에서 말하는 것이
다. 뉴비긴의 주장은 다음과 같은 질문에 답을 줄 수 있을 것이다.
인간의 유의미한 미래와 유의미한 역사 안에서 인간의 소망을 위

---

6 Lesslie Newbigin, *The Open Secret: An Introduction to the Theology of Mission*
  (Grand Rapids: Wm. B. Eerdmans Publishing Co., 1995), 51.

한 장소는 무엇이고 어디에 있는가? 죄와 죽음이 역사 안에서 다뤄지지 않는 한, 그런 장소는 존재하지 않는다. 거절당하고, 십자가에서 죽임당하고, 인간 역사 안에 묻혔던 예수 그리스도가 죽음으로부터 살아났고, 지금도 살아계시며 다스리시기 때문에, 인간의 삶은 죽음을 이긴 그의 승리를 공유하고 이 세상에서 살았던 그의 성육신적 삶과 같이 살아갈 수 있다. 이런 맥락에서 보면, 기독교 신앙은 오직 예수 그리스도의 역사성에 대한 확신에 의해 정의될 수 있다. 그리고 이런 확신은 위에서 라다크리슈난이 답하지 못한 그 '장소'에 대한 답이 된다.

삼위일체

예수 그리스도의 역사성에 대한 확신은 삼위일체 교리와 밀접하게 연결된다. 이는 하나님의 삼위일체 교리가 본질적으로 인류 역사의 독특성을 전적이면서도 진지하게 받아들이기 때문이다. 삼위일체 교리는 하나님이 개인 예수의 역사적 사건들을 통해 자신을 드러냈다고 본다. 이에 대해 드코스타 교수는 이렇게 말한다. "아버지 하나님은 그리스도와 성령을 통해 알려진다. 이는 하나님의 구원의 행위가 이를 이행하는 대행자를 확정할 수 있다는 유일성을 바탕으로 한다. 왜냐하면 구속하는 하나님은 언제나 그리고 어디서나 그리스도 안에서 계시된 삼위의 하나님이기 때문이다."[7]

드코스타의 말을 고려해보았을 때, 계시자인 예수의 실제 역사적 이야기 없이 아버지 하나님을 논하는 것은 불가능하다. 아버지 하나님은 추측이나 추상적 개념을 통해서 알려질 수 없고, 인간의 역사 안에서 아들 예수의 사건들을 통해서 계시되며, 그 사건들은 성령의 조명을 통해 이해되고 해석되기 때문이다.

토마스의 그리스도론의 핵심은 위와 같은 삼위일체론과 관련이 깊다. 그는 현대 인도의 영적 고민들을 깊이 있게 관찰하였고, 그러한 고민들은 도덕적 삶과 윤리적 사고의 측면에서 예수 그리스도의 의미를 규정하려고 노력한다는 것을 보았다. 그래서 토마스는 속죄의 교리, 예수 그리스도의 신성 그리고 삼위일체 교리, 이런 개념들이 현대 인도인들의 도덕적인 삶과 예수 그리스도 사이에 다리가 될 것이라고 믿었다. 그의 저서 *The Acknowledged Christ of the Indian Renaissance*에서 토마스는 삼위일체 교리의 중요성을 강조하기 위해 다음과 같은 페레크의 서술을 인용한다. "우리는 인간을 향한 하나님의 행위인 성육신과 속죄를 생각한다. 하나님의 내적인 생(the inner life)[8]인 성삼위일체, 이런 생의 모습은 우리가 그 신비롭고 경이로운 관계의 비밀을 열 수 있는 열쇠를 제공한다."[9] 하나님에 의해 규정되고, 로고스가 인간을 위한 하나

---

7 Gavin D'Costa, *Christian Uniqueness Reconsidered.*, 17.
8 아버지 하나님, 아들 예수, 성령, 이 세 위격의 관계, 혹은 각각의 역할을 의미하는 은유적 표현이다.

님의 신적 행위로서 예수 그리스도의 육신 안에서 만들어진 권위 있는 모습이 예수이고, 이는 삼위일체 교리 안에서 이해될 수 있다고 토마스는 확신했던 것이다. 토마스는 페레크뿐만 아니라 인도 교육자인 루드라(S. K. Rudra)의 말도 인용한다. 루드라는 그의 모든 신앙이 성육신의 역사적 특성과 밀접한 관련이 있다고 다음과 같이 말한다.

[성육신의 역사적 특성]은 그리스도의 영원한 왕권과 그 왕권의 도덕 적이고 영적인 특성, 인자의 평범한 삶의 자연스러운 결과들, 이 모든 것의 정당성을 입증한다. 십자가는 권세가 아닌 죽지 않는 사랑에 대한 영원한 하나님의 신비와 위엄의 표현(exhibition)이다. 왜냐하면 하나님은 사랑이기 때문이다. 더욱이 우리 그리스도인들은 그리스도 의 부활을 믿는다. 이는 단지 죽을 수밖에 없는 한 육신의 회생이 아니고, 오늘날 살아 있고 지금도 역사하는 그리스도의 무한한 삶의 죽음 으로부터의 실제적이고 진정한 부활이다. 살아 있는 개인 그리스도 와의 교제를 통해서 오늘날 우리는 전능한 아버지, 변함없는 자, 영원 한 존재 그리고 위대한 구약의 선조들의 과업이었던 하나님께로 접근 하는 확실한 길을 걷게 된다. 인도의 고귀한 정신은 이런 힘을 거절하 고 그 힘에 제공된 새로운 삶의 태고적 원천을 거부할 것인가?[10]

---

9 Parekh; as quoted in Thomas, *The Acknowledged Christ*. 31.
10 S. K. Rudra, *The Christian Idea of the Incarnation* (Madras, India: The Christian

토마스는 위와 같은 루드라의 주장에 근거하여 예수 그리스도의 십자가를 영원한 하나님의 사랑으로 보기 때문에, 그에게 예수는 인류의 살아난 그리스도이고 인간의 삶과 죽음에 대해 살아 있는 주(the Lord)가 되는 것이다.

마지막으로, 토마스는 예수 그리스도를 영원한 말씀인 '하나님의 역사'로 여긴다. 다원주의 신학자인 두푸이(Jacques Dupuis)는 개인 예수가 영원한 말씀인 하나님의 역사를 구현할 수 없다고 다음과 같이 주장한다. "말씀의 역사(the working of the Word)는 예수 그리스도의 인격을 뛰어넘는다. 즉 영광에 빛나는 상태 안에서조차 예수의 인성에 대한 그 역사의 현실은 개인 예수의 한계를 뛰어넘는다."[11] 하지만 성경을 보면 두푸이의 주장은 무색해진다. 복음서 기자들은 아들 예수의 지식에 참여함 없이 아버지 하나님에 대한 참된 지식은 없다고 단언한다. 마태는 이렇게 말한다. "내 아버지께서 모든 것을 내게 주셨으니 아버지 외에는 아들을 아는 자가 없고 아들과 또 아들의 소원대로 계시를 받는 자 외에는 아버지를 아는 자가 없느니라"(마 11:27). 요한 역시 이렇게 말한다. "본래 하나님을 본 사람이 없으되 아버지 품속에 있는 독생하신 하나님

Literature Society, 1911), 13-16; as quoted in Thomas, *The Acknowledged Christ,* 267.

11 Jacques Dupuis, *Christianity and the religions: From Confrontation to dialogue* (New York: Orbis Books, 2002), 160.

이 나타내셨느니라"(요 1:18). 더욱이 사도 바울도 이렇게 말한다. "그 안에는 신성의 모든 충만이 육체로 거하시고"(골 2:9). 성경의 이러한 단호한 말들에 비추어 트리니티신학교의 네트랜드 교수도 다음과 같이 주장한다. "만약 아들이 아버지를 계시한다면, 이것은 우리로 하여금 아버지가 존재하는지 알 수 있게 하는 아들의 지식이다. 이는 교회 밖에 있는 여타 다른 종교적 현상들 안에서 삼위일체 하나님의 존재를 발견하고 싶다면 그리스도에 대한 지식이 반드시 필요하다는 것을 말한다. 또한 이는 하나님이자 동시에 인간인(God-man) 예수 그리스도의 삶과 가르침에 대한 기독교 신앙의 절대적 중심성을 나타내는 것이다."[12]

따라서 토마스는 앤드류스가 "영원한 말씀이자 아직 그를 모르는 수백만 명의 빛인 그리스도, 형언할 수 없는 치욕 속에서 고통당하는 인간인 그리스도, 고귀하고 큰 뜻을 품을 영혼들에게 더 풍성한 생을 제공하는 그리스도, 인류의 모든 민족들이 하나로 모이는 휴머니티의 신성한 머리(the Divine Head of Humanity)인 그리스도"라고 말한 한 구절을 인용하며, 예수 그리스도는 영원한 말씀이라고 단언한다.[13] 분명 토마스는 그의 저술들에서 그의 삼위일체 교

---

12 McDermott and Netland, *A Trinitarian Theology of Religions,* 50.

13 Thomas, *The Acknowledged Christ,* 269, quoted in C. F. Andrews, *The Renaissance in India: Its Missionary Aspect* (London, UK: Church Missionary Society, 1912), 174.

리를 체계적이고 명확하게 설명하지는 않았다. 하지만 그럼에도 불구하고 우리가 지금까지 본 것처럼 그는 영원한 말씀, 인자 그리고 인간 삶의 원천으로서의 개인 예수 그리스도에 대한 통찰을 제공한다. 그리하여 토마스의 그리스도론은 예수 그리스도 안에서 하나님의 성육신은 단순히 신비적인 것이 아니고 분명한 역사적 사건이고, 비인격이 아니고 인격의 하나님을 나타낸다고 역설한다.

2. 휴머니티의 토대가 되는 그리스도

그리스도, 온전한 휴머니티의 기반

WCC는 웁살라 총회(1968) 때부터 인간 사회에 존재하는 파괴적인 힘을 보다 깊이 인식하기 시작했다. 이러한 인식은 인간 사회 안에서 작동하는 악한 힘이 온전한 삶을 향한 인간의 갈망을 위협하고 있음을 직시하였기 때문이고, 그러면서 현시대의 여러 사회적 상황 안에서 기독교인들이 온전한 삶을 요구하는 공동의 휴머니티를 추구해야 함을 나타낸 것이다. 하지만 독일 신학자 비에르하우스(Peter Beyerhaus)는 웁살라 총회의 방향성이 하나님의 선교를 세속적 인본주의로 대체한다고, 즉 복음을 하나님의 관점이 아닌 인본적인 관점으로 본다고 지적하며 웁살라 총회의 신학적 방

향을 비판했다.[14]

　토마스는 1970년 그의 한 강의에서 비에르하우스의 비판에 대해 다음과 같이 답하였다. "기독교 신념에 대한 궁극적인 체계는 추상적 개념 속에서의 하나님이 아니고, 또한 따로 분리된 하나님에 대한 철학도 아니고, 인간의 과학도 아니다. 기독교 신념은 오직 완전한 하나님이자 인간인 예수 그리스도이고, 칼 바르트의 표현을 빌리자면, '하나님의 휴머니티'이다."[15] 토마스는 계속해서 묻는다. "과학과 우리 인간의 관계 그리고 가정, 계급, 민족, 국제적 현실 속 공동의 구조 안에 있는 인간에 대한 모든 관계성의 질(quality)을 표현하며, 이런 관계성 안에 있는 인간으로서 우리 모두의 공존을 위해 인간의 죄와 그리스도의 부활은 무슨 의미를 가지는가?"[16] 확실히 죄는 인간의 공생적 삶을 비인간화시키는 영적인 힘을 가지고 있다. 그러기에 부활한 그리스도의 승리는 죽음에 대한 승리뿐만 아니라, 인간 사회 안에 존재하는 악마적 힘에 대한 승리를 의미하기도 한다. 이런 맥락에서 토마스의 그리스도론은 예수의 부활은 반드시 인간의 집단적 현실을 고려하며, 세속적이

---

14 World Council of Churches, *The Uppsala Report* (Genava: WCC Publications, 1968), 27.

15 M. M. Thomas, "Salvation and Humanization: A Crucial Issue in the Theology of Mission for India" in *International Review of Mission*, vol. 60 (237) 25-38 (Jan 1971): 29.

16 같은 책, 30.

고 악한 힘을 누르는 힘 안에서, 즉 인간 사회의 체계들을 인간화(humanization)하기 위한 힘 안에서, 그 자체의 표징을 찾아야 한다는 그의 신념에 의해 형성된 것이다.

이러한 바탕에서 WCC 웁살라 총회는 세계 기독교인들이 예수 그리스도 안에서 성장하여 온전한 휴머니티를 이루길 소망하였다. 다음은 당시 토마스가 웁살라 총회에서 발표하였던 한 성명서의 일부 내용이다.

성육신하고, 십자가에 못 박혀 죽으시고, 다시 살아나신 예수 그리스도는 진정 인간의 본질을 보여준다. 예수는 완전한 순종 가운데 그의 아버지를 영광스럽게 하면서 하나님의 형상을 계시하셨다. 타인을 위한 그의 완전한 능력, 인류를 향한 그의 절대적 개입과 절대적 자유, 그 자유 안에서 고통과 죽음을 용납한 순종, 이 모든 것 안에서 우리는 진정한 인간은 어때야 하는지 알게 된다. 십자가에서의 죽음을 통해, 인간의 소외됨(alienation)은 하나님의 용서에 의해 극복되었고, 모든 인류를 향한 하나님 자녀 된 신분으로의 길은 열린다. 휴머니티를 이루는 머리로써 그리스도가 모든 것을 심판할 때, 예수의 부활 안에서 새 창조는 탄생하고 역사의 최종 목적은 확증된다.[17]

---

17 Thomas, *Risking Christ*, 84.

토마스가 발표한 위의 성명은 그리스도의 유일성을 부인하거나, 또는 타 종교와 관련하여 그리스도에 대한 헌신을 약화시키는 것을 의미하지 않는다. 오히려 예수 그리스도를 인류 공동 휴머니티의 토대로 여기는 것이다. 이 성명을 지지라도 하듯, 1960년대 인도에서는 기독교인들과 힌두교인들 사이에서 서로 공유할 수 있는 휴머니티를 추구하며 두 종교 사이에 활발한 대화가 일어났다. 그런 대화와 노력 속에서 토마스는 "공동의 종교나 공동의 종교적 경험이 아닌, 공동의 휴머니티가 서로 다른 종교 신자들 간의 만남 안에서 공통분모가 된다"라고 주장하며, 종교 간 대화와 상호 협력의 사회학적인 맥락에 강조점을 두었다.[18]

예수 그리스도의 주권

토마스는 휴머니티 추구를 강하게 주장하였지만, 그의 사고 속에서 휴머니티의 추구는 그리스도의 주권 아래 있어야만 했다. 토마스는 인간화(humanization)에 대한 탐구는 하나님의 사랑과 인간의 궁극적 운명을 계시하였던 예수 그리스도의 주권 안에서 자체의 해답이 있다고 확신했던 것이다.

토마스는 '세계기독학생연맹'에서 일하는 동안, 기독교 신앙의

---

18 See T. V. Philip, "ssues in Evangelism among the Educated Secularized Indians" in *Religion and Society*. 15.4 (December 1968), 40.

의미를 깊게 탐구하며 그의 '주권적 그리스도론'을 발전시켰다. 예수 그리스도의 주권에 대한 토마스의 확신은 당시 인도의 시대적 상황을 신학적으로 바라보도록 하는 그의 내적 동기였다. 토마스는 그의 한 저서에서 이렇게 기록한 바 있다. "인도에서 사회적 정의를 이루어내야만 하는 결정적인 신학적 이유는 예수 그리스도의 보편적 주권과 그의 인성에 대한 우리 기독교인들의 신앙 안에서 발견된다."[19] 토마스는 예수의 주권을 인간 삶의 모든 영역에 대한 예수 중심성으로 이해한다. 이러한 해석은 예수 그리스도가 창조와 구원의 중재자라는 사도 바울의 다음과 같은 단언에 기반을 둔다.

> 만물이 그에게서 창조되되 하늘과 땅에서 보이는 것들과 보이지 않는 것들과 혹은 왕권들이나 주권들이나 통치자들이나 권세들이나 만물이 다 그로 말미암고, 그를 위하여 창조되었고, 또한 그가 만물보다 먼저 계시고, 만물이 그 안에 함께 섰느니라. 그는 몸인 교회의 머리시라. 그가 근본이시요, 죽은 자들 가운데서 먼저 나신 이시니, 이는 친히 만물의 으뜸이 되려 하심이요 아버지께서는 모든 충만으로 예수 안에 거하게 하시고, 그의 십자가의 피로 화평을 이루사, 만물 곧 땅에 있는 것들이나 하늘에 있는 것들이 그로 말미암아 자기와 화

---

19 M. M. Thomas and J. Davis McCaughey, *The Christian in the World Struggle* (Geneva: World's Students Christian Federation, 1952), 14: as quoted in Philip, *The Encounter,* 55.

목하게 되기를 기뻐하심이라(골 16-20).

위 성경 구절을 바탕으로, 토마스에게 그리스도의 주권은 죄와 모든 악한 사회적 구조들과 죽음까지도 극복하는 것이고, 더 나아가 최종적 단계, 즉 그리스도를 통해 이 세상이 하나님의 나라로 완전히 전환되는 그리스도의 왕적 통치(the kingly rule of Christ) 차원에서 그리스도 주권은 이해되어 진다.[20]

이런 맥락 하에 토마스는 1961년 인도 뉴델리에서 개최된 WCC의 세 번째 총회에서 〈아프리카와 아시아의 새로운 국가들 안에 있는 교회들을 향한 도전〉이라는 제목으로 다음과 같이 연설하였다.[21]

그리스도는 그의 법과 그의 사랑의 힘을 통해 모든 인간과 민족들에 대한 그의 왕적 통치를 단언하며, 인간과의 지속적인 교제 가운데 오늘날 세상 속에 현존하고 역사한다. 그의 부활과 영광 가운데 오는 그의 재림 사이에 있는 예수의 모든 활동은 그 자체의 통치권 안에서 모든 역사(all other histories)를 가지고 있다. 그래서 이 시대 교회들의

---

20 M. M. Thomas, *New Creation in Christ: twelve selected sermons given on various occasions* (Delhi, India: ISPCK, 1976), 61.

21 WCC 뉴델리 총회가 개최되던 1960년대는 세계 각 국가들, 특히 아프리카와 아시아권에 많은 식민지 국가들이 해방되어 새로운 국가들이 세워지던 시기였다.

사명은 수많은 시대적 변혁들로부터 그 자체를 구원하는 것이 아니고, 그 변혁들 안에 있는 그리스도의 약속과 심판을 직시하면서 그분의 나라가 궁극적으로 이루어질 마지막 때(final consummation)를 기다리며 시대적 변혁 안에 현존하는 그 나라의 증인이 되는 것이다.[22]

위에 나타난 토마스의 통찰은 예수가 하나님의 영광 안에서 마지막 심판인 재림을 이루면서 인간의 죄와 죽음에 대해 진정한 승리를 제공한다는 것을 분명히 보여준다. 이 연설에서 토마스는 기독교인들이 인간 권리를 옹호하고, 사회정의와 사회의 진보를 위한 구체적인 계획들을 예수 그리스도의 주권 아래서 고취시키며, 현실적인 휴머니즘과 이것의 실현에 대해 깨어 있기를 권면하였다. 토마스에게 복음과 휴머니즘은 서로 분리될 수 없고 오히려 그 둘은 세상과 인류를 위한 그리스도의 약속으로써 서로에게 필수적이다.

타 종교에 대한 그리스도 중심적 접근

2장에서 살펴보았듯이 로이나 센, 비베카난다, 간디와 같은 인도의 많은 정신적 지도자들은 예수가 가르쳤던 아가페 정신과 그

---

22 Thomas, *Contemporary Ecumenism*, 77.

의 삶 그리고 죽음에서 나타난 사랑의 행위들에 강한 영향을 받았다. 인도 시인인 타고르(Rabindranath Tagore)는 예수를 통해 인도 안으로 들어온 '하늘의 자비'를 상징하는 영성에 대한 많은 시를 썼다. 대표적으로 그의 시 〈The Son of Man〉에서 십자가를 고통과 죽음의 힘에 의해 하나님께 버림받음(God-forsakenness)의 상징과 그로 인한 사랑의 공감으로써 묘사하였다. 또한 20세기 인도 예술의 선구자 중 한 명인 보세(Nandalal Bose)도 타고르 시의 주제를 이용하여 그리스도에 대한 그의 한 작품에서 예수의 십자가를 표현하기도 하였다.[23] 이런 인도의 정신적, 예술적 지도자들에게 예수 그리스도는 진정한 휴머니티의 구현이었던 것이다.

이렇듯 예수 그리스도의 삶과 죽음과 가르침은 근대 인도의 정신적 영감과 지적 혁신에 대하여 중요한 요소들이었다. 다시 말해, 예수가 가르친 아가페 사랑의 원리는 인도인들의 정신을 일깨우는 데 매우 중요한 역할을 한 것이다. 심지어 이런 예수의 사랑 원리는 인간의 근본적인 권리의 확증, 불가촉천민, 여성, 노동자 그리고 다른 취약한 분야에 있는 자들을 위한 정의에 대한 강조, 각 종교적 정체성을 넘어서는 연대성에 대한 권고와 같은, 이러한 시대적 요구와 정신에 입각하여 인도 제헌 국민 의회에 의해 인도 헌법에도 쓰였다.[24] 또한 이러한 흐름은 진정한 인간이 된다는 것에 대한

---

23 Thomas, "A Christ-Centered Humanist Approach," 53.
24 같은 책, 54.

정립된 개념을 만들고자 하는 연구를 인도 전역에서 하게끔 했다. 이렇게 급변하는 인도의 사회적, 종교적 상황 속에서 디바난단의 지도 아래 1956년 인도에 세워진 '종교와 사회의 연구를 위한 기독교 협회'(CISRS)는 두 가지 목표를 세웠다. 하나는 영국으로부터 해방된 국가의 재건에 인도 기독교인들의 참여를 도모하는 것이었고, 다른 하나는 인도 기독교인들에게 타 종교(힌두교, 이슬람 등)와 세속적 이념(민주주의, 사회주의, 간디주의 등)의 지지자들과의 대화를 촉진하는 것이었다. 토마스도 CISRS의 두 가지 목표를 지지하였다. 그는 CISRS에 대한 한 논평을 통하여 인도의 기독교인들에게 인도의 사회적·문화적 개선과 휴머니티 실현을 위한 모든 종교와 모든 이념의 공통적 목표를 진지하게 받아들이는 태도를 요구하였고, 그것이 인도의 역사적 사명과 현실이라 말했다.[25] 이 말은 모든 종교와 이데올로기들은 각 시대에 맞춰 역사적 상황에 대해 그것들만의 독특한 임무와 역할을 지니고 있기 때문에 인간 공동체의 발전을 위한 정의와 사랑을 세우기 위해서 기독교 또한 모든 종교, 사회 이념들과 협력해야 한다는 말이다.

온전한 휴머니티 실현을 위한 공동의 노력에 더해서, 토마스는 디바난단이 주장하였던 "그리스도 중심주의"를 소개한다. 이 그리스도 중심주의의 개념은 몇 가지 깊은 통찰을 제시한다. 그 통찰

---

25 같은 책, 55.

중 하나는 에베소서 2장에 대한 디바난단의 해석이다.

이제는 전에 멀리 있던 너희가 그리스도 예수 안에서 그리스도의 피
로 가까워졌느니라. 그는 우리의 화평이신지라 둘로 하나를 만드사
원수 된 것 곧 중간에 막힌 담을 자기 육체로 허시고, 법조문으로 된
계명의 율법을 폐하셨으니 이는 이 둘로 자기 안에서 **한 새 사람**을 지
어 화평하게 하시고, 또 십자가로 이 둘을 한 몸으로 하나님과 화목하
게 하려 하심이라. 원수 된 것을 십자가로 소멸하시고 또 오셔서 먼
데 있는 너희에게 평안을 전하시고 가까운 데 있는 자들에게 평안을
전하셨으니, 이는 그로 말미암아 우리 둘이 한 성령 안에서 아버지께
나아감을 얻게 하려 하심이라(엡 2:13-18).

에베소서에 따르면, 용서의 사랑이 구현된 예수 그리스도의 십
자가는 유대인과 이방인 사이에 있는 증오와 적대감을 허물면서
예수의 열정 안에서 '하나의 새로운 휴머니티'를 창조해내었다. 디
바난단은 예수의 그 열정이 성령을 통해 이 시대에도 전해지고,
담을 허물어 낸 그 십자가의 힘은 오늘날에도 적용된다고 말한
다.26 타 종교인들과 기독교인 사이의 분열을 초월하는 새로운 코

---

26 P. D. Devanandan, *I Will Lift Up Mine Eyes to the Hills* (Bangalore, India: CISRS, 1962), 126; as quoted in Thomas, "A Christ-Centered Humanist Approach," 56.

이노니아(교제, 모임, 혹은 공동체)를 그리스도 안에서 창조해내며, 건강한 신앙 공동체가 아닌 인류를 갈등과 분열로 나누는 지배체제로서의 종교는 지양되어야 한다는 디바난단의 신념은 이 시대에도 여전히 역설된다.

디바난단은 십자가에 의해 형성되는 "하나의 새로운 인류 공동체"를 주창했다. 토마스는 이런 디바난단의 통찰을 기독교가 타 종교와 세속적 이념들에 개방성을 가질 수 있고 이로 인해 인류가 연대할 수 있는 기초로 본다. 토마스는 다음과 같이 말한다. "만약 예수 안에서 형성된 새로운 휴머니티가 기독교와 다른 종교들과 세상의 이념들을 초월한다면 이것[새 휴머니티]이 그것들[타 종교들과 세속적 이념들]을 아우르며 새로운 형태를 가질 수 있도록 그 모든 것들을 탈바꿈시켜야 한다."27 쉽게 말해, 예수 안에서의 연합은 이 시대의 종교적 다원성을 인정하며 지금까지는 없었던 "새로운 형태의 교제"(new koinonia)로써 나타나야 한다는 말이다.

하지만 이러한 포용적 방향성에도 불구하고 토마스는 '새로운 코이노니아'에 관하여 예수 그리스도의 궁극성을 절대로 간과하지 않는다. 종교 다원성을 **인정하는 것**과 **수용하는 것**은 엄연히 다르기 때문이다. 그래서 그는 코이노니아를 세 가지 수준으로 분류한다. 첫 번째 수준의 코이노니아는 기독교인들이 일반적으로 인지하고

---

27 같은 책, 61.

있는 교회의 개념인 '성만찬적 공동체'이다. 교회 자체는 예수를 메시아로 인정하는 사람들의 모임이다. 그리고 이는 '교회 선택설'(the election of the church)을 다루는 칼 바르트의 주장과 맥을 같이 한다. 바르트에 따르면, 세상에 있는 다양한 종교들 가운데 하나님의 은혜 안에서 진정한 종교로써 선택받은 '교회'는 보편적 휴머니티를 이루기 위한 가장 중요한 장소다. 이는 기독교 교회가 다른 종교들보다 더 낫거나 더 우월하기 때문이 아니고, 교회만이 하나님의 계시의 심판에 대해 '열려 있기 때문'이다.[28] 이런 바르트의 관점에서 보면, 하나님은 진정한 휴머니티를 세상에 이뤄가기 위하여 인류 역사 안에서 그의 계시의 장소로써 교회를 특별히 선택한 것이다. 기독교의 교회가 하나님의 은혜 안에서 진정한 종교로써 선택받았다는 것은 세상에 휴머니티를 이루기 위해 하나님이 교회를 지지한다는 것을 말한다. 따라서 교회는 진정한 휴머니티의 파생지로서 권한을 부여받은 장소인 것이다.

다음으로 토마스가 말하는 두 번째 수준의 코이노니아는 "십자가에 못 박힌 예수에 감동이 되어 '고통받는 종의 정신'(servanthood)을 삶의 **양식(the pattern)**으로 인정하는 타 종교 신자들과 담론인 코이노니아"이다.[29] 토마스는 성만찬적 공동체, 즉 기독교 신자들만의 모임인 첫 번째 단계의 코이노니아에서 더 나아가 기독교인

---

28 Thomas, *Risking Christ*, 50.
29 Thomas, "A Christ-Centered Humanist Approach," 61.

들은 십자가에 달린 예수의 '종의 정신'을 삶의 기반으로 두고 그 정신을 세상에서 이행하는 자들에 대한 선지자적 섬김을 위탁받았 다고 주장하는 것이다. 토마스는 이에 대해 다음과 같이 말한다.

교회는 모든 종교와 이념들의 기저에 있는 다양한 영성의 근원으로 서 그리고 타 종교와 세속적 이념, 다양한 문화의 사람들을 연합시키 는 더 넓은 코이노니아의 중심으로서, 십자가에 못 박히고 다시 살아 나신 그리스도의 복음을 선포하며 예수의 코이노니아를 보여주기 위해 부름 받았다.[30]

위에 나타난 토마스의 선언에 따르면 새로운 인류 공동체는 십 자가에 못 박힌 그리스도의 몸으로 이루어져야 한다. 즉 십자가 형벌의 흔적은 인류가 고통받는 세상의 **양식**(pattern)에 대항하는 하나님의 투쟁의 표시가 된다. 앞서 2장에서 다루었던 인도 사상 가들은 이 수준의 코이노니아에 속한다고 볼 수 있다. 예를 들어, 간디는 예수를 순교자, 또는 희생의 전형으로 그리고 십자가를 세 상을 향한 위대한 모범으로 받아들였다. 간디는 다음과 같이 말한

---

30 M. M. Thomas, *A Diaconal Approach to Indian Ecclesiology* (Tiruvalla, India: CIIS & CSS, 1995), 82; as quoted in Jesudas M. Athyal, George Zachariah, and Monica Melanchthon, ed., *The Life, Legacy and Theology of M. M. Thomas* (New York: Routledge, 2016), 201.

다. "나는 종파적 개념으로 기독교인은 아니지만, 십자가 위에서 고통받는 예수의 예시는 비폭력 정신 안에서 나의 모든 행동을 결정하는 나의 근원적인 신앙의 요소이다. 만약 예수가 우리에게 영원불변한 원칙인 사랑에 의해 삶을 통제하는 방법을 가르쳐주지 않았더라면, 그는 헛되이 살았고 허망하게 죽은 것이라 말 할 수 있다."[31] 이러한 간디와 같이 다른 종교적 신념을 가지고 있는 자들에게 기독교 신앙을 논증하고 진정 예수는 누구인가에 대해 진지한 논의를 해야 함에도 불구하고, 토마스는 이들과의 우선적 코이노니아는 필수적이라 생각하는 것이다.

마지막으로 토마스가 말하는 세 번째 수준의 코이노니아는 "십자가의 아가페 사랑에 의해 영향을 받은 세속적 인류학에 기반을 두는 새로운 사회를 위해 사회정치적 투쟁에 참여하는 자들을 향한 폭넓은 코이노니아"이다.[32] 아마도 원리주의적 신학을 주장하는 기독교인들에게 가장 꺼려지는 부분은 바로 이 수준의 코이노니아일 것이다. 하지만 토마스는 말 그대로 세 번째 수준의 코이노니아라고 주장하는 것이지 기독교 신앙 자체를 포기하자는 것이 아니다. 그는 저서 중 하나인 *Man and the Universe of Faiths*에서 그의 인류학적 신앙의 근거를 보여준다. 토마스는 그 책에서 다음과 같이 말한다. "이 책의 제목은 각 종교들이 가지고 있는 신에

---

31 Gandhi, *The Message of Jesus Christ,* 79.
32 Thomas, "A Christ-Centered Humanist Approach," 61.

대한 서로 다른 감각보다, 이 시대 속에 선명하게 존재하는 인도적 문제들에 대한 인류의 공통 응답이 영적 깊이가 있는 다양한 종교들의 만남을 위한 가장 생산적인 지점이라는 나의 신념을 분명하게 보여준다."[33] 이런 그의 신념에 기반하며 토마스는 십자가의 의미를 이해하기 위해선 기독교 신앙이 인간적 가치들, 사회 이념들 그리고 세속적 학문들과 단절되어서는 안 된다고 말한다.

인본주의적인 관점에 근거한 토마스의 그리스도론의 핵심은 예수 그리스도의 십자가 형벌에 비추어 이해될 수 있다. 그는 다음과 같이 말한다. "십자가는 하나님과 그의 모든 창조 세계를 위한 사랑으로 그의 목적을 계시한다. 이는 만유(the universe)가 단순히 혼돈이 아니고, 차가운 타산적 마음도 아니고 십자가라는, 즉 절대적 이해심과 고통스럽게 용서하는 사랑을 모두 가지고 타인을 위해 약동하는 심장이라는 확신을 준다."[34] 토마스에게 그리스도의 십자가는 삶에서 고통받고 있는 자들을 위해 보다 더 넓고 고결한 코이노니아를 창조해내며 인간 사회 안에서 하나님의 영원한 사랑을 구현해 내는 것이다.

---

33 M. M. Thomas, *Man and the Universe of Faiths* (Madras, India: The Christian Literature Society, 1975), vi.

34 Philip, *The Encounter*, 62.

3. 새 창조를 위한 동력으로서의 그리스도

하나님의 목적에 대한 넓은 이해

토마스는 창조에 대해 신학적으로 깊은 숙고하며 이스라엘 민족이 그들의 역사에서 하나님을 이집트인들 아래 노예 생활로부터 그들을 해방시켜준 해방의 하나님으로서 처음 경험했다는 것을 관찰한다. 이스라엘인들은 광야를 지나 약속의 땅으로 그들을 인도하는 하나님을 경험하였다. 이런 경험들은 이스라엘 백성들의 초기 신조 안에서 하나님을 해방자로 단언하는 기반이 되었다.

> 여호와께서 강한 손과 편 팔과 큰 위업과 이적과 기사로 우리를 애굽에서 인도하여 내시고, 이곳으로 인도하사 이 땅 곧 젖과 꿀이 흐르는 땅을 주셨나이다(신 26:8-9).

따라서 이스라엘 민족은 그들이 가나안 땅에 정착하는 동안 마주쳤던 새로운 도전들에 대한 응답으로 창조의 교리를 만들어 냈다고 토마스는 믿는다. 그는 다음과 같이 말한다. "새로운 환경에서 이스라엘 민족은 새로운 신학적 통찰들을 발전시키는 새로운 경험들과 새로운 도전들을 마주하였다. 그래서 그들은 창조의 주(the Lord of creation)로서의 야훼에 대한 그들의 신앙과 해방자로서 인류 역사 속에서 역사하는 하나님에 대한 그들의 이해를 발전시켜갔다."[35]

　이런 맥락에 따라, 토마스는 고대 이스라엘 공동체의 역사적 상황을 놓고 보면서 두 가지 논점을 찾는다. 첫 번째 논점은 새 땅에 정착할 때 이제 갓 해방된 노예들이었던 이스라엘 민족은 공동체의 재정적 안전 때문에 농업에 전념해야 했었다는 것이다. 그러기에 그들은 새로운 이웃 국가들이 풍요를 위해 농업의 신인 바알을 숭배하는 것을 눈여겨보았다. 결국 농사는 짓는 자로서 바알 숭배를 한다는 것은 일부 이스라엘인들에게 그들의 생존을 위해 불가피한 선택이 될 수 있었다. 이런 맥락에서 이방신에 대한 대응으로서 발생한 이스라엘 민족의 창조 신학은 야훼를 그가 창조한 현실을 축복하고 번성케 하며 현실에 적극적으로 관여하는 '창조의 신'으로 인식하게 했다. 이를 고려할 때, 토마스는 "창조의 주로서 야훼는 토지의 풍요와 인류를 포함하여 살아 있는 모든 피조물들에 은총을 부여하며 이스라엘 민족의 안녕(welfare)에 책임을 지었다. 이처럼, 창조 안에서 인간을 향한 하나님의 은총은 풍요, 살아 있는 모든 피조물에 대한 지배권 그리고 자연과 조화되는 삶을 모두 포함한다"라고 주장한다.[36] 이러한 토마스의 주장을 현대의

---

35 M. M. Thomas, *In the Beginning God Genesis 1-12:4* (Tiruvalla, India: CSS Books, 2003), 20; as quoted in Jesudas M. Athyal in Athyal, Zachariah, and Melanchthon, ed., *The Life, Legacy and Theology of M. M. Thomas*, 91.

번영 신학과 잘못 연관 지어 생각할 수 있는데, 토마스가 분명하게 의도한 것은 개인의 번영에 대해 말한 것이 아니다. 여기서 토마스의 진정한 관심은 공동체의 복지와 안녕이다.

이스라엘인들이 가나안에 정착하는 모습에 대한 두 번째 논점은 그 땅 안에 있는 다른 민족들의 존재 자체이다. 이스라엘 민족은 가나안 정착을 위한 하나님의 목적의 한 부분으로써 이웃 공동체들과의 관계를 고려했어야 했다. 이에 대해 토마스는 "이스라엘 민족은 다른 모든 신들에 대한 야훼의 우월성을 단언하면서, 동시에 그들은 마치 하나님의 축복을 전 창조세계로 전파하는 선택받은 공동체인 것처럼 전 창조세계의 하나님에 대한 야훼의 넓은 이해를 발전시키길 원했다"라고 말한다.[37] 이를 간략하게 말하면, 인간 세계에 대한 하나님의 넓은 목적은 모든 인간의 존엄성과 그 모든 것들의 번영을 촉진시키는 것이라는 말이다.

예수 그리스도 안에서 새 창조

토마스는 '새 창조'에 대한 디바난단의 신학을 자주 언급한다. 디바난단의 관점에 의하면, 복음은 예수 그리스도 안에서 새 창조의 좋은 소식으로 여겨진다. 디바난단은 다음과 같이 말한다. "성

---

36 같은 책, quoted in Thomas, *In the Beginning*, 21.
37 같은 책, 92.

경 속 사도들의 방식에 따르면, 우리가 선포하는 복음은 새로운 창조에 대한 좋은 소식이다. 그것은 그들의 설교의 핵심이었고 이는 여전히 현대 기독교인들의 세상을 향한 메시지다."[38] 토마스는 디바난단이 말한 새 창조의 네 가지 특징을 인용한다.

첫째로, 예수 안에서의 '새 창조'는 개인적이고 사회적일 뿐만 아니라, 더 나아가 우주적 차원을 가지고 있다. 디바난단은 이렇게 말한다. "복음의 온전한 범위가 하나님의 전 창조 세계를 감싸고 있다는 것을 우린 깨달아야 한다. 만약 극도로 물질적이고, 전적으로 동물과 같은 인간의 삶의 영역(animal content of world-life)이 변화되지 않는다면, 복음은 모든 인류를 위한다는 말이 얼마나 불가능한 말이 되는가? 복음은 오직 인류의 어느 한 단편만을 위해 있다는 것인가?"[39] 디바난단이 말하는 이런 만유의 전적 변형은 평화, 인간 사회의 온전함 그리고 그리스도가 가져온 하나님과의 화해, 이 모든 것을 성취하는 것에 필수적이다.

디바난단이 말하는 '새 창조'의 두 번째 특징은 예수 안에서의 새 창조는 '현재의 새로움'을 의미한다는 것이다. 두말할 것도 없이 종말론적 현실은 오직 그리스도의 재림 때 그 자체의 완전성 안에서 분명해진다. 그러나 이러한 종말론적 현실은 예수 그리스도의

---

38 Thomas, *Risking Christ,* 91.

39 Devanandan, *Christian Concern,* 118-120; as quoted in Thomas, *Risking Christ,* 92.

'새롭게 하는 힘'(renewing power)에 의해 현재에도 분명히 존재한다. 살아계신 그리스도는 곧 "현시대의 그리스도"인 것이다. 새 창조의 갱신적 힘은 현재의 고통, 현실의 복잡함 그리고 여러 가지 역경 아래서도 지금, 현재를 살아가게 하는 힘을 기독교인들에게 준다. 이것이 기독교인들을 통해 이 세상을 회복시키는 예수 그리스도의 사역이라고 디바난단은 주장하는 것이다. 하지만 현재에 존재하는 새 창조의 힘은 단지 기적적이고 신비적인 감각으로 이해되는 것은 아니다. 현재는 미래에 대한 자각인 것처럼, '새 창조'의 힘은 현재를 미래로 안내하고 인간의 역사를 '하나님의 마지막 때'(divine end)를 향하게 하면서 인류의 역사 안에서 연속성을 갖게 한다. 이러한 새 창조는 역사적 순간들을 "여기서, 지금"(here and now) 변형시키며 새로운 동력과 의미 그리고 올바른 방향을 제공하며, 예수 그리스도를 통해 그 모든 역사적 순간들 안에서 이루어지는 창조적 과정이다. 인간 역사 안에서 새 창조의 연속성은 "자족적 과정"의 연속이 아니고, 하나님 은혜의 "지속적 행위"의 연속이다.[40]

세 번째로 특징은 하나님의 특별계시(the scandal of particularity)는 '새 창조'의 보편성에 필수적이라는 것이다. 새 창조는 역사 속에서 단 한 번 이루어진 예수의 구속적 행위와 성령 안에서 부여된 부활

---

40 같은 책.

의 삶 안에서 성취된다. 인도의 한 마을인 간디그람(Gandhigram)에서 열린 'Fellowship of the Friends of Truth'라는 모임에서 디바난단은 예수의 유일성과 보편성을 관련시키며 다음과 같이 말하였다.

기독교 신앙은 하나님이 예수 그리스도 안에서 모든 인류를 위해 무엇을 하셨는지에 대한 것이다. 그러기에 예수 유일성(uniqueness)에 대한 주장은 오직 그 자체의 보편성(universality)에 대한 확언이 된다. 기독교인들은 전능하신 하나님이 인간의 온전해짐과 인간의 진정한 본성의 깨달음을 위한 치열한 고뇌 안에서 그리스도의 오심으로 인해 하나님 자신을 잠시 동안 인간과 동일시하셨다는 것을 믿는다. 하나님의 이러한 인간과의 동일시는 하나님의 창조 안에서 새로운 시대를 개시한다. 즉, 하나님이 직접 인간과 동일시되신 것은 모든 휴머니티를 아우르면서 신앙과 언어와 인종이 무엇이든 전 인류 공동체에 대한 하나님의 구속적 운동의 시작을 나타낸다.[41]

하나님의 구원의 목적은 예수 그리스도의 성육신 안에서 모든 것을 수용할 뿐만 아니라, 인간들로 하여금 그들의 존재가 어떤 상태에 놓여 있는지 상기하도록 한다. 따라서 전 창조 세계는 예수

---

41 Nalini Devanandan and M. M. Thomas, eds, *Preparation for Dialogue: Essays on Hinduism and Christianity in New India* (Bangalore, India: CISRS, 1964), 30-34; as quoted in Thomas, *Risking Christ*, 93.

그리스도의 구속 사역에 의해 이미 구원받았고, 복음은 이런 새로운 질서에 관한 좋은 소식이 된다. 그리고 이는 모든 인류가 하나님의 실재하는 구원을 깨닫도록 권장한다.

마지막 특징으로, 하나님의 계시는 인간의 신앙에서 완전히 발견될 수 없거나 반대로 인간의 신앙에 의해 완벽히 이해되며 인류 역사 안에 구원의 과정을 형성하지 않는다는 것이다. 우선 디바난단은 다음과 같이 말하며 하나님의 개념을 '전적인 타자'(the wholly Other)로 설명한다.

> 하나님은 우리 인간에게 익숙한 것들의 본질과는 다르게 모든 면에서 전적으로 타자이다. 하나님의 진정한 존재적 영역은 우리가 '당연하다'라고 말하는 그 무엇과도 비교할 수 없는 전혀 다른 차원에 있다. 우주 만물의 작용 가운데서 하나님을 알려고 시도하는 것은 하나님을 우리 일상의 세속적 본질들과 동일시하는 것이다. 우리는 하나님과 세상의 경험들이 본질적으로 서로 모순된다는 것을 명심할 필요가 있다. 하나님은 '세상 외의 존재'이고 '나 외의 존재'이다. 이것이 왜 모든 신학의 핵심에는 언제나 불가해한 신비적 요소가 있는지 알려주는 부분이다.[42]

---

42 Devanandan, *I Will Lift Up Mine Eyes*, 15-16; as quoted in Thomas, *Risking Christ*, 94.

하지만 디바난단은 다른 한편으로 하나님은 완전한 타자만이 될 수도 없다고 다음과 말하며 주장한다. "하나님은 스스로 완전한 타자 그리고 영원에서 영원까지 불가해한 미지의 존재가 되는 것에 만족하지 않는다. 그렇다면 우리 주 예수 그리스도의 아버지가 될 수 없기 때문이다."[43] 이 말의 의미는 하나님은 하나님이 계시하기로 선택한 자들에게 그분의 신비를 숨기지 않기에 그 선택받은 자들이 하나님의 신비를 인지하고 이해하도록 한다는 것이다. 그러므로 궁극적 종말뿐만 아니라 현세의 상황들 속에서도 심판과 구원을 위한 하나님의 행위의 양태는 어느 정도 신앙인들에게 드러난다고 디바난단은 확신하고 있다.

1984년 프린스턴 대학에서 어느 날 몇몇 학생들은 토마스와 담화를 나누며 걷고 있었다. 그들이 몇 가지 신학적 사안들을 가지고 토론을 하는 동안, 토마스는 그 학생들에게 다음과 같이 질문을 하였다. "모든 신학의 핵심에 진정으로 중요한 단 하나의 질문이 있다. 그것은 '복음이 무엇인가'이다." 토마스는 학생들에게 계속해서 말했다. "이것이 바로 디바난단이 궁극적으로 관심을 가졌던 질문이다."[44] 토마스가 말한 것처럼, 복음은 디바난단의 신학적 사고의 전부를 지배하고 운영하는 원칙이자 그 자체로 신념이었다. 복

---

43 Thomas, *Risking Christ*, 94.
44 George R. Hunsberger in Athyal, Zachariah, and Melanchthon, ed., *The Life, Legacy and Theology of M. M. Thomas*, 296.

음에 대한 디바난단의 이해는 아마도 그가 뉴델리에서 다음과 같
이 언급했던 말에서 가장 잘 요약될 것이다. "하나님은 예수 그리
스도 안에서 스스로와 세상을 조화롭게 만들고 있다. 그리스도 안
에서 새로워진 세상, 즉 '새 창조' 세계는 기독교 메시지의 전부이
고 본질이다."[45]

부활과 인격화

흔히 "부활"이라는 단어는 주로 근본주의자들이 주장하는 죽음
이후에 부여되는 천상의 보상으로 인식되어왔다. 하지만 불행히도
이런 개념은 많은 사람에게 그들의 현재의 삶과 아무런 관계를 맺
지 못하게 하였다. 더 나아가, 이런 인식은 단지 개인의 운명과 연
관이 되고 가족이나 이웃, 지역 사회와 같은 공동체하고는 거의
관련이 없는 것으로 인식되어 왔다. WCC의 서기였던 포터(Philip
Potter)의 말에 따르면, 부활이라는 히브리 단어의 어원은 '넓은',
'해방된', '자유로운'이다.[46] 여기에는 물질적인 것과 정신적인 것
사이의 분할과 경계는 존재하지 않는다. 따라서 이 히브리 어원은
근본주의자들이 수호하는 그러한 개념의 부활의 의미와 정반대의
방향을 가리킨다.

---

45 같은 책, 297.
46 같은 책, 52.

또한 '부활'의 헬라어 어원은 질병에서 낫거나 혹은 바다의 위협으로부터 구조되는 것을 의미하기도 한다. 이에 따라, 고대 헬라 철학자들은 무지, 거짓된 여론, 혹은 미신으로부터의 자유를 의미하는 데에 종종 이 단어를 사용하였다.[47] 더욱이, '부활'의 라틴어 어원은 "salus"라는 단어에서 오는데, 이 단어는 '진정성'(authenticity) 혹은 한 인간이 소유해야 하는 '존재의 진실성'(integrity of being)을 의미했다.[48] 종합해보면, 위의 어원들의 모든 뉘앙스는 배타적인 개인의 부활만을 의미한다기보다, 앞서 다루었던 '새 창조'의 개념과 밀접한 관련이 있다. 그러므로 이것이 성경에서 볼 수 있는 "부활"이라는 단어의 진정한 의미라 해도 과언이 아니다.

부활과 인격화(humanization) 사이에 있는 긴장에 대한 윌리엄 캐리(William Carey)의 강의들을 신중히 살펴보면 부활의 의미를 보다 깊이 파악하는 데 큰 도움이 된다. 캐리는 제2차 세계대전 이후 인류의 과학, 기술, 민주화 그리고 탈식민지화 등 획기적인 세기의 변화들이 그 자체 안에서 인류 모두를 위한 그리스도의 약속, 즉 더 온전하고 풍성한 삶을 위한 그리스도의 약속을 이행하게 되었다고 주장하였다. 그 시대적 변혁들은 역사와 운명에 대한 인류의 감각을 향상시켰다. 이런 맥락에서 WCC의 한 위원이었던 와이저(Thomas Weiser)는 이렇게 말했다.

---

47 같은 책.
48 같은 책.

'부활'의 테두리는 교회의 테두리와 일치하지 않는다. 현시대에서 부활에 대한 더 온전한 이해는 타 종교 신자들과의 대화에 관해 개선된 실천을 요구한다. 부활의 소망은 새로운 휴머니티와 새로워진 인류 공동체에 대한 약속을 아우른다. 이 소망을 유통하는 장소로써 교회는 "구원하는 공동체"라 불리는 것이다.[49]

위에서 언급된 '새로워진 인류 공동체'의 개념에 따라, 독일 신학자인 디트리히 본회퍼는 성숙한 인간 사회를 위해 "비종교적 기독교"의 가능성을 제안한 바 있다. 이는 인간의 미성숙함을 나타내는 기독교의 배타적 표현들은 현대 세상에 매우 부적절하고 무의미하다는 것을 의미한다. 본회퍼에게 무엇보다 중요한 질문은 "기독교란 진정 오늘날 우리에게 무엇인가 그리고 그리스도는 이 시대의 우리에게 진정 누구인가"이다.[50]

"오늘"이라는 개념은 본회퍼의 신학에 아주 중요한 단어이다. 윌리엄 캐리가 인간 사회는 20세기를 지나면서 새 창조를 위한 그리스도의 약속을 혁신적인 사회적 변화들을 겪으며 깨달았다고 말한 것처럼, 마찬가지로 본회퍼도 다가오는 시대의 포용적 변화들을 기대하였다. 따라서 본회퍼에게 교회의 중요한 시대적 과업은 "존재의 경계에서가 아니고 그 중심에서, 약함 안에서가 아니고 강

---

49 Thomas, "Salvation and Humanization," 4.
50 Thomas, *Risking Christ*, 70.

함 안에서, 인간의 고통과 죽음 안에서가 아니고 그들의 삶 속에서 하나님에 대해 이야기하는 것이다."[51] 토마스는 본회퍼의 말을 다음과 같이 풀이한다.

> 본회퍼는 '최종적인 것'과 '그 옆에 있는 것'의 연합을 본다. 하지만 본회퍼가 보는 '그 옆에 있는 것'은 그것의 자체적 자율성 안에서 간과되지 않는다. 사실 '그 옆에 있는 것'은 '최종적인 것'을 대신하는 외부(the outer)가 되고, '그 옆에 있는 것' 안에 있는 삶은 세상과 함께 그리스도와의 연합에 참여하는 삶이 된다. 따라서 성육신은 세상의 현실들을 파괴하지 않고, 반대로 그것을 기독교 왕국(Christendom)으로 전환시키지도 않고, 오직 인간이 하나님 앞에서 인간답게 살 수 있게 한다. 특별히 예수의 십자가는 하나님 아래 있는 진정한 세속(true worldiness)과 진정한 사악함(true godlessness)을 폭로하고 그것들을 갱신함으로써 세상에 있는 모든 우상을 파괴한다.[52]

본회퍼는 '진정한 세속'의 의미로써 오늘날의 '새 창조'에 대한 진지한 논의의 가능성을 열었다. 그리스도는 개별적 부활이나 죽음 이후의 영생을 제공할 뿐만 아니라, 그는 인간의 존엄성과 현재 인간의 상태가 존귀하게 인정을 받는 "이 세계 위에 서는 새 공동

---

51 같은 책.
52 같은 책, 71.

체의 영적 근원"이다.[53] 이것은 세상의 억압받고 고통받는 파편들이 하나님의 교회로 유입되도록 이끄는 복음에 내재하는 진정한 하나님의 '새 창조'에 대한 약속이다.

WCC의 웁살라 보고서(the Uppsala Report) 안에 있는 "Renewal in Mission"은 다음과 같이 말한다.

> 우리는 열정적이고 분명하게 인간의 온전한 삶을 추구하는 휴머니티에 속해 있다. 하지만 진정 인간의 휴머니티와 그런 사회는 어느 때보다 더욱 파괴적인 힘에 의해 위협받고 있다. 오늘날의 이런 위협은 예수 그리스도 안에서 인류의 온전한 휴머니티로의 성장을 위한 옛것의 갱신을 통해 하나님의 선교를 형성해야 하는 위급함을 보여준다.[54]

위 성명서에 대해 논평을 하며 토마스는 이렇게 말한다. "이 성명은 현대인들이 인격화하는 힘을 접하는 방식과 그 방식에 대한 그들의 물음에 대해 지대한 선교적 중요성을 제공한다. 이는 성육신하고 십자가에 못 박히고, 다시 살아나신 새 인간인 예수 그리스도 안에서 하나님에 의해 모든 인간에게 제공된 새 창조를 이루기

---

53 Lois M. Wilson in Athyal, Zachariah, and Melanchthon, ed., *The Life, Legacy and Theology of M. M. Thomas,* 51.

54 "Renewal In Mission" in *The Uppsala Report* (Geneva, Switzerland: WCC Publications, 1968), 27.

위한 초청이자, 이 시대 속에서 부활의 사명(the mission of salvation)을 풀어내려는 시도이다."[55] 확실히 부활의 사명과 인격화의 과업은 동일하게 여겨질 수 없다. 하지만 토마스에게 그 둘은 필요불가결하게 연결되어 있다. 예수 그리스도와 그를 통해 제공된 '새 창조'는 영적 토대와 진정한 인간성을 위한 오늘날 인류의 노력으로 나타난다. 그러므로 토마스는 부활의 사명이 진정한 인격화를 이루기 위한 영적 자기성찰(inwardness)과 그리스도 부활의 메시지의 본질이라 믿었던 것이다.[56]

하지만 토마스는 인류 공동의 삶을 위한 디바난단의 새 창조를 강조했음에도 불구하고, 개인적 부활의 소망 또한 절대로 간과하지 않았다. 토마스는 이렇게 말한다. "인간의 궁극적인 운명은 죄와 죽음을 넘어서는 한 개인의 부활 안에서 그 죄의 현실을 반드시 직시해야만 한다."[57] 앞서 2장에서 토마스와 모줌다르의 담론에서 보았듯이, 토마스는 하나님의 구속적 사역이 단지 더 나은 세상을 만들고자 하는 사람들로부터 이루어진다고 말할 수 없다고 단언한다. 토마스는 종말론적 시각에서 궁극적인 인간의 현실을 끊임없이 주장했다. 그에게 하나님의 궁극적인 구속의 목적은 특정 사회나 종교의 어떠한 체계 안에서도 반드시 종말론적 현실을 고려해

---

55 Thomas, "Salvation and Humanization," 26.
56 같은 책, 31.
57 같은 책, 30.

야만 한다.

그러나 토마스에게 개개인의 부활 그 자체는 부활에 대한 총체적 감각에서 인격화로 규정될 수 있었다. 다른 말로 하면, 개개인의 부활의 강조점은 그들의 사회와 필수적으로 관계가 있어야 한다는 것이다. 이런 맥락에서 토마스는 교회의 코이노니아를 강조한다. 그는 다음과 같이 말한다. "신약성서에서 나타나는 코이노니아는 교회하고만 관련이 있거나, 배타적으로 교회 내의 삶의 질을 말하고만 있지 않는다. 그 코이노니아의 개념은 인간 세상에서 역동하는 하나님 나라의 현실에 대한 표명이다."[58] 이 말은 교회 안에서의 종교적 교제와 세속적 사회 안에서의 인간적 교제는 양쪽 모두 복음에 의해 형성되고 그리스도의 실재 안에 있다는 말이다. 토마스는 그리스도의 의미와 본성을 그리스도 안에서의 새 창조인 코이노니아의 의미와 본성에 관련하여 이해하려 애썼던 인물이다.

새 창조를 위한 교회의 위치

'새 창조'를 이루기 위한 교회의 위치는 토마스에게 매우 중요한 문제였다. 그는 교회가 종교적이고 세속적인 다양한 공동체들과 협력하면서 창의적인 과정과 절차를 통해 여러 사회적 활동에

---

58 같은 책, 38.

참여해야 한다고 믿었다. 이에 대해 그는 다음과 같이 말한다.

> 나는 성경의 말씀 연구를 위해 모이는 것과 성례를 하는 것은 교회의
> 유대와 교제의 중심이라고 개인적으로 확신한다. 하지만 그런 교제
> 가 다른 종교 공동체들, 즉 기독교가 지배적인 사회에 갇혀 사회적 삶
> 의 일차적 수준에 머무는 대부분의 타 종교 신자들과 심지어 오늘날
> 아시아의 많은 국가들이 그렇듯 그들의 행위를 지배하는 기독교적
> 법칙이 지역 사회 안에 존재하는 타 종교 공동체들과 함께 나누어져
> 야 하는지는 논의의 여지가 충분히 있는 사안이다.[59]

여기서 토마스는 교회가 단일적으로 조직된 단체가 되어서는
안 된다고 믿는다. 교회는 문화적-사회적 창조성과 선지자적-복음
주의적 소명을 가지고, '새 창조'의 의미 안에서 인간 사회 안에 새
로운 영역을 형성해야 한다고 말하는 것이다. 토마스는 세상을 향
한 예수의 주권을 단언하며 십자가에 못 박히고 다시 살아나신 예
수를 세상에 선포하는 교회를 세상의 중심에 위치시킨다. 교회는
현재와 미래의 예수 안에서 새 창조의 증인이 되는 것이다.[60]
토마스는 다양한 신학적 통찰들이 새 창조의 교회론으로 발전
되기 위해 교회의 매우 근본적인 특성으로써 "개방성"은 긍정되어

---

59 같은 책, 189-190.
60 Thomas, *Risking Christ*, 102.

야 한다고 생각한다. 이를 위해 한편으로 토마스는 그리스도 안에 있는 하나님의 역사(God's action)를 향하고, 다른 한편으로는 하나님의 역사가 발생하는 이 세상을 향하는 "이중적 지향"(double orientation)을 제안한다.

예수 그리스도의 교회는 그리스도 안에서 "모든 것"을 통합하고자 하는 성령을 통해 하나님이 일하시는 이 세상을 향해 개방되지 않고서는(엡 1:10) 그리스도 안에서 하나님에 대하여 개방될 수 없다. 개방성은 그리스도 교회의 매우 근본적인 특징이고, 이 모습은 마치 그리스도 안에서 하나님과 세상을 향해 변치 않는 현실을 실현하듯이 이중적 개방성을 만드는 양태여야 한다.[61]

토마스는 기독교의 그리스도론이 교회 밖에 있는 성령의 활동을 인정하면서 세상을 향해 개방적이고 포용적인 교회 태도의 기초가 되어야 한다고 단언한다.[62] 교회의 경계 밖에서도 활동하는 성령의

---

61 M. M. Thomas, "The Open Church" in *The Church: A People's Movement*, ed. Mathai Zachariah (Nagpur, India: National Christian Council of India, 1975), 62; as quoted in Philip, *The Encounter*, 84.

62 다시 한번 말하지만, 교회 밖에 역사하는 성령을 '인정'하는 것이지 토마스는 그것을 '수용'한다고 말하지 않았다. 이에 대해 명확히 이해하기 위해서는 2장에서 '보편적 종교와 전개되는 성령'을 주장하였던 사상가들에 반박한 토마스의 논증을 기억하길 바란다.

역사를 인정하는 것은 새 창조 개념에 상당히 중요한 기반이 된다. 가톨릭은 때로 세상의 여러 종교들 안에 현존하는 성령의 활동을 인정해왔다. '인도 가톨릭 주교들의 회담'(the Catholic Bishops's Conference of India)은 '종교 간 대화'의 개념을 "타 종교들의 여러 전통과 그들이 이행하는 확고한 소망에 대한 표현들 안에 있는 하나님의 구원의 실재(presence)에 대한 기독교 신앙의 응답"으로써 정의한다.[63] 이러한 정의는 하나님의 현존이 모든 종교의 신앙 안에서도 발견될 수 있다는 가톨릭의 수긍을 보여준다.

하지만 우리가 2장에서 보았듯이, 토마스가 말하는 교회의 개방성은 위에 나타난 일부 가톨릭의 주장과는 다르게 모든 종교 안에 있는 하나님 실재를 단언하지는 않는다. 토마스에게 교회의 개방성에 대한 요구는 예수 그리스도에 대한 깊은 헌신에 기초해야만 한다. 이것이 토마스가 말하는 "그리스도 중심적 개방성"이다.[64] 하나님의 교회는 하나님이 세상을 자신과 화해시켰던 "죽임당한 어린 양"을 드러내 보이며 '새 창조' 추구의 가장 중요한 단서로써 반드시 예수 그리스도만을 가리켜야 한다. 오직 그리스도만이 새 창조의 동력이다.

---

63 Robinson, *Christians Meeting Hindus*, 126.
64 Philip, *The Encounter*, 84

IV장 • 인도 신학을 넘어서

1964년 「Religion and Society」라는 학술지에 토마스는 이런 글을 실었다. "인도 안에서 기독교 신학의 주된 과업은 십자가에 못 박히고 다시 살아나신 주님, 즉 이 땅과 하늘에 있는 모든 이의 무릎이 꿇게 될 유일한 이름의 메시지를 전하는 것이다."[1] 토마스는 교회와 세상 사이의 소통 문제와 기독교 선교의 신학적 과제 사이에 놓여 있는 관계를 크게 발전시킨 인물이다. 그는 20세기 인도 안에서 일어나는 르네상스 운동의 다양한 사상들과 그 사상들 간의 여러 이념적 갈등들을 깊이 있게 관찰하였다. 그리고 이런 진지한 관찰과 숙고가 그의 신학적 체계를 형성하였다. 이번 장에서는 20세기에 영향을 끼친 토마스의 신학적 유산과 공헌을 세 가

---

1 "The Christological Task in India"(Editorial) in Religion and Society, vol. 11, Sep. 1964, 1; as quoted in Philip, *The Encounter*. 141.

지로 나누어 살펴볼 것이다. 그 첫 번째는 더 온전한 휴머니티를 추구했던 그의 선지자적 증언에 대한 고찰이고, 두 번째는 우리가 살고 있는 21세기의 상황에서 토마스 신학을 재해석할 것이다. 그리고 마지막으로 재해석된 그의 신학을 가지고 이 시대의 기독교인은 어떤 모습으로 살아가야 할지의 방향성을 제시할 것이다.

1. 온전한 인간애를 위한 선지자적 외침

토마스는 그리스도 복음의 온전함을 정확히 담아내지 못하는 복음의 일방적(one-sided) 이해에 대해 끊임없이 경계하였다. 토마스의 관점에서는 하나님의 교회를 위해서 현시대를 보다 새롭게 이해하며, 동시에 진정한 인류애를 이루기 위한 유일한 기반으로써 십자가에 못 박히고 다시 살아나신 그리스도의 복음을 세상에 선포할 필요가 있었다. 또한 이런 감각 안에서 그는 교회의 역사적 사명을 숙고하며 인간 존엄성에 대한 새로운 신학을 형성하려 노력하였다. 이것은 토마스에게 시대적 현실에 깊숙이 관련된 '인도적 혁신'(humane revolution)이라는 개념이 굉장히 중요했다는 것을 의미한다. 그리고 그의 신학적 노력은 '능력'(power)을 갖기 위한 혁신이었다. 여기서 말하는 능력은 정치적 자기만족과 파멸의 도구로서의 능력이 아니고, 시민들이 그들의 사회와 역사에 중대하고 책임감 있게 참여할 수 있는 공정한 권리와 그들의 존엄성을 얻어내기 위한 운반책으로서의 능력이다. 공정한 권리, 인간 존엄성 그리고 새 사회를 형성할 책임감을 가지고 사회에 참여할 보통 사람들의 자격을 주장하며 토마스는 그가 추구하였던 '능력'을 사회혁신의 원동력으로써 일반 사람들의 손 안에 위치시키려 노력하였다.2 이러한 과정 가운데 인간 사회는 "새 휴머니티"와 "새 창조"를 형성하게 되는 것이다.

하나님의 목적을 위한 사회참여

1967년, 미국 뉴욕에 있는 유니온신학교(Union Theological Semi-nary)에서 있었던 한 강연에서 토마스는 이렇게 말했다. "그리스도로 인한 새 휴머니티를 세우는 복음에 대한 이해는 신학자들과 그리스도인들이 함께 이 사회의 휴머니즘을 위한 투쟁에 참여하는 것이다."3 1장에서도 살펴보았듯, 1930년대 후반 토마스는 인도 트리반드럼의 길거리 아이들과 함께 일한 경험과 사회적 문제에 대한 깊은 숙고를 통해 그의 신학적 관점을 발전시킨 바 있다. 이렇듯 '참여'라는 개념은 토마스에게 중요한 신학적 요소였다.

---

2 Allen A. Boesak in Athyal, Zachariah, and Melanchthon, ed., *The Life, Legacy and Theology of M. M. Thomas,* 166.

3 Thomas, "Faith Seeking," 137.

개인 연구에 전념하던 1984년, 토마스가 방문 교수로 머물렀던 프린스턴대학(Princeton Theological Seminary)에서, 모든 사람은 '이중적 전향'(conversion), 즉 자아에서 하나님으로의 첫 번째 전향과 하나님에서 세상으로의 두 번째 전향을 겪을 필요가 있다는 크레이머(Hendrik Kraemer, 1888~1965)의 말을 토마스는 깊이 연구하였다.4 그리고 그의 영적, 신학적 신념은 크레이머의 이 '이중적 전향' 패턴을 상당히 많이 따라갔다. 그는 수많은 영적 문학들을 독서하면서 그의 개인적이고 경건한 신앙을 심화시켰고, 그 후 세상을 향한 하나님의 목적을 파악하기 위해 기독교인으로서의 책임감을 가지고 사회에 적극적으로 참여하였다. 이중적 전향 개념은 토마스에게 선지자적 증언을 하기 위한 견고한 토대를 제공하였고, 다른 그리스도인들에게도 사회참여에 책임감을 갖도록 권면하였다.

토마스는 사회 부정의와 심지어 교회의 사회적 무관심과 같은 악한 힘들이 현실 속에서 작용하고 있고, 동시에 하나님 역시 정의로운 사회와 "새 휴머니티"의 창조를 위한 각 지역 사회의 몸부림 안에서 일하신다고 보았다. 토마스가 말하는 새 휴머니티가 무엇을 의미하는지 구체적인 예시를 들어보겠다.

필자가 미국에 오기 전 한국에서 다니던 교회 주변에는 저소득

---

4 Hielke T. Wolters in Athyal, Zachariah, and Melanchthon, ed., *The Life, Legacy and Theology of M. M. Thomas,* 64.

층 가정이 많이 있었다. 구체적으로 말하면, 교회가 있던 지역 사회에는 편부모 가정의 10대 아이들과 한국에 이민을 와서 어려운 재정 상황 가운데 살고 있는 외국인 노동자들 그리고 혼자 살고 있는 노인 분들이 많이 있었다. 만약 그 교회가 지역 사회의 어려움에 참여하지 않는다면, 누구도 돌봐 줄 사람이 없어 스스로 저녁 식사를 만들어 먹을 수 없는 수많은 아이들은 배고픔에 시달릴 것이다. 일터에서 암암리에 최저임금조차 받지 못하는 많은 외국인 노동자들은 재정난으로 어려움을 겪을 것이고, 수많은 독거노인들은 매일 밤 외로움에 잠 못 이루는 밤을 지냈을 것이다. 그래서 필자가 다니던 교회는 지역에 있는 이민자들이 그들의 예배를 드릴 수 있는 장소 제공을 공론화하여 진지하게 고민하고 있었고, 지역의 독거노인 분들을 위해 한 주에 한 번 무료 점심 식사를 제공하였다. 교회의 주일학교 선생님들은 편부모 가정에 있는 교회 아이들을 위해 자신들의 재정까지 써가며 그들과 자주 같이 저녁 식사를 하곤 했다. 그 교회는 하나님이 마을 사람들의 어려움과 고통 안에서 일하신다고 믿었던 것이다.

위에 나타난 지역 사회의 고통을 고려해보았을 때 그리고 더불어 토마스의 신학적 유산을 숙고한다면, 한국교회들은 그들의 사회를 향한 하나님의 목적을 성찰하면서 선지자적 목소리를 내야하고, 그들이 속한 사회의 인격화(humanization)를 위한 땀과 노력에 참여해야 한다.

십자가에 대한 토마스의 해석

토마스의 그리스도론의 중심에는 십자가에 대한 깊은 고찰이 있다. 토마스는 인도 안에 있는 여러 인본주의적 가르침들이 인간의 높은 자아 안에 서 있는 악한 현실을 깨닫게 하고, 도덕적 이상주의의 무기력과 무능력을 드러내었다고 보았다. 이와 더불어 그는 예수 그리스도의 십자가를 인류의 종교, 사회, 국가 속에 존재하는 '자기 의로움'을 선한 방향으로 변화시킬 수 있는 유일한 장소로써 보여주었다. 다시 말해 토마스는 인간 사회 안에 있는 영적이고 사회적인 악의 깊은 비극들에서 십자가가 떨어져 인식될 수 없다고 우리에게 가르쳐준 것이다.

토마스는 인간의 현실적 시련들에 가장 잘 관련지을 수 있는 십자가 메시지의 응용 방식을 찾고 있었다. 예수는 십자가상에서 인간들의 온갖 시련과 비극들을 떠맡고 완전한 순종 가운데 그 모든 것들과 함께 죽었다. 인간 비극에 대한 예수의 절대적 관여와 고통 그리고 죽음에 대한 담대한 그의 받아들임 안에서 우리는 인간의 사회가 진정 어때야 하는지를 본다. 인간성의 결핍과 사회적 악은 예수가 십자가 위에서 죽음으로써 극복되었고, 모든 인간의 회복을 위한 길은 열렸다. 예수의 부활 안에서 새 창조가 일어난 것이다. 이것은 탐욕과 자기 의로움의 추구가 내재된 인간의 비극들에 대한 답은 바로 예수 그리스도의 십자가에 대한 하나님의 계획이라고 이 시대의 우리에게 단언하고 있는 토마스의 그리스도론을 보여준다.

인간의 자기 의로움과 그들의 사회적 악들을 산산조각 내는 것으로써의 십자가에 대한 토마스의 이런 이해는 우리가 사는 이 시대에도 강력하고 효과적으로 적용될 수 있다. 하나님의 용서의 근원으로서 십자가가 받아들여질 때 죄와 죽음의 세상은 기꺼이 받아들여지고, 또한 자기희생적 사랑의 방식을 통해 이 세상의 악을 이기는 길로 나아가겠다는 현대 기독교인들의 헌신을 통해 선지자적 증언은 이 땅에서 선포되는 것이 가능하다는 것이다.[5]

십자가의 힘은 인간의 자기 의로움을 깨뜨리고 여러 사회악들을 바로잡을 뿐만 아니라, 그 힘은 악한 동기를 회복시키는 내적 동력으로 경험되어지기도 한다. 십자가의 힘에 의해 인간의 악한 형태가 "그것의 극단적 왜곡으로부터 구원되는 것"이 가능하다는 말이다.[6] 하지만 이런 구원을 위한 조건은 인간이 예수 그리스도 부활의 현실을 깨닫고 받아들여야 한다.

이런 맥락에서 토마스는 십자가에 대한 그의 관점을 예수의 성육신에 의해 개시된 하나님 나라의 개념과 동일시하였다. 토마스에 의하면, "십자가는 이 세상의 모든 권세에 대한 지배권을 가진 하나님의 의로움을 그리스도가 기꺼이 목숨을 내어주신 우리의 형제자매에게 가져가 주며 지금 이 순간에도 인간의 역사 안으로 움

---

5 Thomas, *New Creation in Christ*, 20.
6 Philip, *The Encounter*, 66.

직이고 있는 하나님 나라의 현실이다."7 그러므로 예수 그리스도의 부활을 받아들인다는 것은 하나님 나라를 우리의 사회에서 이루면서 새로운 창조를 야기한다는 것을 의미한다.

십자가 승리로 인한 예수의 영광은 인류애를 위한 소망의 기반이고, 교회는 이 소망에 비추어 부르심을 받았다. 토마스는 교회의 소망에 대하여 다음과 같이 설명한다. "예수는 그의 십자가형을 통해 사단의 권세에 승리를 거둔 후 영광을 받으셨다. 악한 힘을 그의 발아래 굴복시킨 뒤, 인간의 사회와 이 창조 세계를 새롭게 만든다. 그러므로 예수의 영광은 휴머니티 실현에 대한 소망의 기초가 된다."8 토마스의 말과 같이, 예수의 영광은 그리스도의 주권과 하나님 나라 개시에 대한 이해에 필수적인 개념이다. 죽음으로부터 다시 살아나신 예수 그리스도는 지금 우리 시대에서 성령을 통해 새로운 휴머니티를 창조해 가며 역사하고 있다.

교회 정체성에 대한 탐구

인도 차티스가르 주(Chhattisgarh state) 노동자들(bonded laborers)의 자유를 위한 긴 투쟁의 한 스토리가 있다. 1988년 4월, 차티스가

---

7 Thomas, *New Creation in Christ*, 20.

8 M. M. Thomas, *The Crucified Jesus, the Lord of the Universe*, 22-23; as quoted in Philip, *The Encounter*, 68.

르 주 라이푸르 지구(Raipur district)에 있는 약 4,000여 명의 노동자들이 "카미야"(Kamiya)라고 불리는 인도의 아주 오래된 억압적인 사회 체제로부터 벗어났다. 이것은 그들의 야외 투쟁과 법정에서의 수많은 법적 다툼들이 성공적으로 병행되며 이루어졌다. 이들의 승리를 상기하며 토마스는 이렇게 말했다.

우리는 보통 '감정적인 분노'를 '상한 마음'(broken hearted)이라는 것으로 이해한다. 하지만 성경에서 말하는 '마음'(heart)은 모든 결정이 판단되는 인간 존재의 중심을 의미한다. 그렇기에 '상심한 사람들'(brokenhearted people)은 스스로 책임 있는 결정을 내릴 수 있는 지위와 그들의 자체적 역사를 만들 수 있는 능력(capacity)을 잃은 사람들을 의미하는 것이다. 따라서 '상심한 자들'은 그들 스스로의 결정과 판단을 내릴 수 있는 지점으로 복귀되어야 한다. '사람답게 살게 하는 것'(peopling)은 예수 사역의 중요한 측면이었다. 예수는 일반 사람들을 그의 현존의 능력과 권한 아래에 두었다. 이는 내가 각 사회 안에서 이행되는 기독교인들의 선교에 대해 주장하고 싶은 기본적인 요점이다. 기독교 선교는 무엇인가? 그것은 평범한 사람들로 하여금 그들만의 미래를 위한 꿈을 갖게 하고 그리고 그 꿈에 대해 책임감을 갖은 사람들로서 성장시키는 것이다.[9]

---

9 M. M. Thomas, "Theological Aspects of the Relationships between Social Action Groups and Churches" in *Religion and Society*, XXXI, 2, June 1984;

위의 표현에는 차티스가르 주의 4,000여 명 노동자들의 아픔과 상처에 대한 토마스의 가슴 저리는 공감으로 가득 채워져 있다. 이처럼 토마스에겐 억압받는 자들을 '사람답게 살게 하는 것'이 사회정의를 향한 가장 기본적인 목적이자 그의 선교의 핵심이었다. 이 땅의 교회들이 스스로의 이기심과 세상에 대한 무관심을 깨닫는 것이 중요하다는 것을 강조하며 토마스는 새 창조를 위한 명확한 개념을 우리에게 제공하였다.

사회적 정의에 대한 토마스의 신학은 교회 정체성에 대한 그의 이해와 밀접하게 관련이 있다. 토마스의 관점에서 하나님의 교회는 반드시 선지자적 교회여야 한다. 아프리카 대륙의 슬픈 교회역사를 예로 들어보자. 점령지에 있던 많은 교회들은 노예제도로부터 엄청난 이익을 얻으며 그 대륙사회의 중심에서 살았다. 분명히 이 교회들은 유럽의 교회적, 문화적 그리고 정치적 전통에 깊이 뿌리박고 있었다. 하지만 다른 한쪽에서는 착취와 노예제의 정당성을 세우기 위해 복음을 도용하는 것에 저항하며 점령지의 주변부에 존재하던 또 다른 교회들도 있었다.

한쪽의 교회들은 제국의 정치적 힘과 결탁하여 제도적 권력을 가지고 그들 스스로를 국가에 의해 인정받는 교회로 인지했기에, 자신들을 진정한 "교회"로 보았다. 하지만 다른 한쪽의 교회들은

---

as quoted in Rajendra K. Sail in Athyal, Zachariah, and Melanchthon, ed., *The Life, Legacy and Theology of M. M. Thomas*, 208.

어떠한 세속적 제휴도 요구할 수 없었다. 이런 힘없는 교회들은 다른 무엇보다도 유대 종교 지도자들의 힘으로 상징되는 십자가의 무력함을 그들의 무력함으로써 인식하였다. 그리고 그 십자가의 무력함 안에서 그들만의 능력을 찾았다. 이 교회들은 불의를 향한 의분 안에서 그들의 힘을 찾은 것이다. 이것이 식민지 시대에 아프리카의 선지자적 교회들이 서 있던 그들만의 교회 전통이다. 이런 선지자적 교회들은 하나님의 자녀들의 현실적인 고통을 보는 눈을 통하여 시대의 신호와 징후들을 파악하려 노력하였다. 성소 안에서 하나님의 거룩함을 찬양한다는 것은 사회 속에서 세상의 악에 대항하는 것을 의미한다고 이해하였던 것이다. 그리고 이것이 바로 정확히 토마스의 신학이 서 있는 전통이다.

온전한 인간 사회를 이루기 위한 노력

토마스는 조직신학자 베르코프(Louis Berkhof, 1914~1995)와 대화 가운데 한 질문을 던졌다. 그의 질문에서 온전한 인류 공동체를 향한 토마스의 신학적 접근 방식이 뚜렷이 보인다. 토마스는 베르코프에게 이렇게 물었다. "하나님의 메시지는 복음과 진정한 인간의 삶(human existence)을 위한 현대인의 추구 사이에서 활력을 띤다고 상정하는 것이 더 나은 신학이지 않나?"10 여기서 토마스가 말하고자 하는 것은 단지 세속적인 도전을 의미하는 것이 아니고,

그리스도인의 일상 안에서 진정한 사회공동체를 이루기 위해 진술한 탐구를 해가는 노력을 의미한다.

우리가 지금까지 앞에 있는 장들에서 살펴보았듯, 진정한 휴머니티 실현을 위한 현대 그리스도인들의 탐구과정은 건전한 세속적 이념들과 더불어 예수 그리스도의 보편적 주권을 인정하며 우리 사회 속에서 더 온전한 삶을 위한 새 창조에 이르는 것이다. 토마스에게 더 온전하고 더 풍성한 인간의 삶을 위한 탐구, 혹은 그런 추구는 다음과 같은 요소들을 포함한다: ① 간디주의와 같은 세속적 이념들에 의해 영감받은 신학적 독창성의 추구 그리고 ② 인간 삶의 모든 영역에 대한 예수 그리스도의 주권을 인정하는 새로운 형태의 공동체에 대한 탐구이다. 이에 따라 토마스는 세속적인 휴머니즘과 예수의 주권을 그리스도 안에서 부활의 메시지에 관련시키려 시도한 인물이다. 그의 이런 노력을 파악하는 것은 토마스의 그리스도론적 방법론을 이해하는 데에 매우 중요하다.

토마스의 인생은 전반적으로 온전한 인간 사회를 이루기 위한 신학적 작업으로 볼 수 있다. 그는 하나님의 교회와 인간의 세상 교차지점에 서 있었고, 그리스도의 주권 아래서 그만의 신학화를 하였다. 토마스는 기독교 신앙이 세상과 효과적으로 소통할 수 있는 도전적인 연결점을 추구하였던 것이다. 그의 그리스도론은 이런

---

10 Philip, *The Encounter*, 32.

추구의 결과인 것이다.

2. 현시대 안에서 토마스 신학의 재해석

토마스는 그의 삶을 돌아보며, "20세기 동안 나를 둘러싸고 있는 역사와 현실 속 수많은 상황들 안에서 나의 삶은 Dharma(진리)의 목적에 대한 깨달음과 분별력을 향한 여정이었다"라고 고백한 바 있다.[11] 확실히 그의 삶은 기독교 진리의 의미를 찾아가는 여정이었다. 그리고 그 여정은 그가 살던 20세기에서 일어난 역사적 사건들에 대한 그의 반응으로 진행되는 다양한 서사로 채워져 있다. 이는 토마스의 가슴에는 이 세상 그 어느 것도 냉소적이고 무감각하게 남아 있지 않았기 때문이다. 신학자 사무엘 라이언은 토마스의 삶을 깊이 있게 관찰하고 나서 이렇게 말했다. "도시에서든, 국가에서든, 심지어 세상 가운데서든, 그의 주변에 일어난 것은 무엇이든지 그의 마음에 깊이 새겨져 있었다. 지적으로나 감성적으로나 세상에서 일어나는 사건들에 감명을 받는 그의 능력은 대단했다. 다시 말해 정치적이거나 이념적이거나 지성적이거나 도덕적

---

11 Thomas, *Ente Christhava Dharmanveshana Paryadanam,* 9; as quoted in Jesudas M. Athyal in Athyal, Zachariah, and Melanchthon, ed., *The Life, Legacy and Theology of M. M. Thomas,* 82.

이거나 혹은 심미적인 사건들이나 가치들에 대해 총명하고 통찰력 있게 반응하는 그의 능력은 탁월했던 것이다."12 토마스에게 그리스도인의 삶이란, 기독교의 진리를 시대적 맥락 안에서 살아내며, 각 시대의 신호에 신실하게 응답하는 신앙의 여정을 의미하는 것이었다. 그의 신학적 유산을 따라, 오늘날 인도의 많은 그리스도인들이 이 시대 안에서 "새로운 창조"를 만들어 가는 서로 다른 신학적 독창성을 통해 토마스의 정신을 따르려 노력하고 있다.

함께 가자는 요구

2013년 10월 30일부터 11월 8일까지 한국 부산에서 개최된 WCC의 열 번째 총회는 그리스도인들에게 하나님의 정의와 평화가 이 땅에 임하길 바라는 "순례"에 동참하길 권면하였다. 부산 총회의 메시지는 다음과 같다.

우리는 함께 나아가려 한다. 우리는 부산에서의 경험으로 많은 도전을 받았다. 우리는 선한 의지를 가진 모든 사람들에게 하나님이 주신 그들의 은사를 행동으로 바꾸길 촉구한다. 이번 총회는 모든 그리스도인들이 거룩한 순례에 동참하기를 요청하는 바이다. 교회가 치유

---

12 Jesudas M. Athyal in Athyal, Zachariah, and Melanchthon, ed., *The Life, Legacy and Theology of M. M. Thomas*, 82.

와 자비의 장소가 되며, 복음이 뿌려져 정의가 자라고, 하나님의 평화가 세상에 임하기를 기도한다.[13]

WCC 부산 총회의 임원단은 '순례'에 대한 몇 가지 당위를 제시하였다. 첫째로, 에큐메니즘의 가치가 세상의 복잡한 정치적 이슈에 대하여 중요한 기여를 할 수 있다는 것이다. 이는 에큐메니칼을 지지하는 교회들이 사회적 사안들에 대해 신학적인 통찰을 제공함으로써 생산적인 사고를 돕기 때문이다.[14] 부산 총회는 교회가 여러 가지 세상의 정치적 논쟁 속에 내포되어 있는 사회적, 문화적 그리고 종교적 근본 원인들을 다루기에 세상의 정치 논쟁들을 더욱 건설적인 방향으로 견인할 수 있다고 본 것이다. 둘째로, WCC는 그리스도인들이 더욱 진지한 겸손과 깊은 지혜를 가지고 공개적인 세속적 논쟁들에 관여하기를 요구하였다.[15] 이전의 에큐메니칼 운동은 그리스도인이 이 세상에서 무엇을 변화시킬 필요가 있는지 이미 알고 있고, 그들 스스로 절대적 대안을 가지고 있다는 자신감을 갖는 경향을 보여주었다. 하지만 사회적, 정치적으로 어떠한 대안을 찾는

---

13 See, Erlinda N. Senturias and Theodore A. Gill Jr, eds., *Encountering the God of Life: Report of the 10th Assembly of the World Council of Churches* (Geneva: WCC Publications, 2014), 36.

14 Hielke T. Wolters in Athyal, Zachariah, and Melanchthon, ed., *The Life, Legacy and Theology of M. M. Thomas*, 61

15 같은 책, 62.

다는 것은 매우 사회적으로 복잡한 일이고, 인간 삶의 모든 영역에 걸친 학문적 깊이와 통찰력 있는 지혜가 필요하기에 WCC 10차 총회는 지금까지 자신들의 자신감이 문제가 있다고 인식하였다. 그러기에 그리스도인들에게 겸손한 '순례'를 요구한 것이다.

정의와 평화의 순례에 참여할 것을 요구한 부산 총회의 흥미로운 한 부분은 "우리는 함께 움직일 것이다"라고 하는 구절이다. "우리는 함께 **움직일 것이다**"라는 말은 "우리는 함께 **머무를 것이다**"라고 발표했던 1948년 WCC 1차 총회의 메시지가 시대의 흐름에 따라 변화되었다는 것을 보여준다. 1차 총회는 분명히 건설적이고 진보적인 신앙적 성과가 있었다. 첫 번째 모임으로써의 WCC 1차 총회는 당대의 극심한 정치적, 교회적 차원의 분열에도 불구하고 하나의 일치된 협의회를 수립해야만 하는 사명이 있었을 것이다. 하지만 시대는 변한다. 새 시대는 새로운 계획과 참신한 전략을 필요로 한다.

부산 총회가 예전 1차 총회 때의 선언과 같은 구절을 보란 듯이 재구성한 이유는, 현시대에서 살아가는 사람들의 필요와 요구에 기반한다. 교회의 일치는 각 교회들이 서로 함께 사역하도록 한다. 이는 부산 총회의 '일치 성명서'에서 분명하게 표현되었다. 일치 성명서는 다음과 같이 말한다. "교회의 일치, 인류 공동체의 일치 그리고 온 창조 세계의 일치는 상호 연결되어 있다. 우리를 하나가 되도록 이끄시는 그리스도는 우리가 정의와 평화의 삶을 살도록 부르시며 우리가 하나님의 세계 안에서 정의와 평화를 위해 협력하도록 이끄신다."16 일치에 대한 이러한 선언은 '순례'라는 개념에 타당한 신학적 이해를 제공한다. 순례라는 비유적 단어가 에큐메니칼 운동에서 익숙지 않은 단어일지라도, 이 단어는 이 땅의 모든 교회가 함께 시대의 필요와 요구에 맞추어 움직이도록 동기를 부여하고 새로운 영감을 주는 개념으로써 앞으로 더욱 발전될 필요가 있다.

그리스도론에 대한 재논의

오늘날 에큐메니칼 운동의 강조점은 대체로 성령론으로 기울고 있다. 이런 변화의 대표적인 예는 WCC 부산 총회에서 발표한 에큐메니칼 선교 성명인 〈Together towards Life〉이다. 이전의 WCC의 선교 성명서들은 예수 그리스도 안에 있는 신앙에 주로 초점을 맞추었던 반면, 이번 성명서는 선교적 측면에서 성령의 네 가지 특성을 강조한다. 첫째, '생의 숨결'로서의 성령. 둘째, '해방'으로서의 성령. 셋째, 모든 공동체를 위한 성령 그리고 마지막으로 넷째, 모든 자들을 위한 복음으로서의 성령이다.17

하지만 토마스는 성령론이 아닌 그리스도론을 가지고 에큐메

---

16 World Council of Churches, "Unity Statement," no 13. in *Message of the 10th Assembly of the WCC* (Genava: WCC Publications, 2013), 5.

17 Hielke T. Wolters in Athyal, Zachariah, and Melanchthon, ed., *The Life, Legacy and Theology of M. M. Thomas*, 77.

니칼 운동에 기여하였다. 우리는 본서의 2장에서, 성령은 만유의 보편적 심장으로서 모든 인류의 영혼 안에 있기에 성령이 휴머니티의 궁극적인 근원이 된다고 주장하는 모줌다르와 토마스의 논의를 보았다. 그 논의에서 토마스는 추상적인 성령론을 비판하며 그리스도론을 말하였다. 성령은 분명 인류의 광범위한 공동체성 안에서 역사하기에 그리스도인들은 타 종교 신자들과 더불어 이 땅에 정의와 평화의 실현에 참여해야 한다. 하지만 진정한 휴머니티를 이루기 위한 성경적 비전의 핵심은 바로 그리스도이다. 다시 말해, 그리스도인의 순례의 과정 안에서 진정한 휴머니티를 추구하기 위한 '가장 핵심적인 나침반'(mastercompass)으로서 언제나 성령은 예수 그리스도만을 제시하여야 한다.

이런 맥락에서, 토마스는 그리스도인의 순례의 목표는 성령의 역사와 함께 하나님이 세상을 자신과 연결한 예수 그리스도의 십자가와 부활을 세상에 드러내 보이는 것이라고 우리에게 가르치고 있는 것이다. 동시에 하나님의 계시, 즉 십자가와 같은 큰 대가가 따르는 행위는 우리에게 삶의 동료인 타 종교 순례자들과 함께 하나님이 인류에게 주신 비전, 인류가 따라가야 하는 길 그리고 인류가 나아가야 하는 공동의 목표를 공유하길 요구한다는 것도 가르쳐 주었다. 토마스는 우리에게 예수 그리스도를 통해 드러난 하나님의 은혜와 심판의 계시가 세상의 변화를 고취시키는 소망의 원천으로써 작동한다는 것을 알려준 것이다.

행동하는 신학

미국 미시간에 있는 웨스턴신학교 선교학 교수 자카리아(George Zachariah)는 이렇게 말한다. "신학은 특정 상황 안에서 보편적으로 적용하는 교회의 교리가 아니다. 신학은 교리와 성서를 시대 속에서 재해석하며 기독교 신앙을 책임감 있게 현 상황 안에서 살아내는 것이다."[18] 자카리아 교수의 말과 같이 토마스도 그의 신학과 기독교인으로서 사회적 책임도 인도의 영국 제국주의에 대항하던 반식민지 운동이라는 역사적 맥락 안에서 시작되었다. 그의 에큐메니칼 여정은 식민지에서 해방된 많은 민족들이 한창 국가재건설을 진행하던 역사적 상황 안에서 일어난 것이다. 그리고 토마스는 그의 삶의 마지막 20년을 여러 사회 운동 단체들과 소통하고 교감하며 지냈다. 결국 그리스도의 복음과 현대 인도의 상황 사이의 열정적인 상호작용은 그의 신학의 핵심이었다. 그의 신학은 행동하는 신학이었던 것이다.

'행동하는 신학'의 정신에 부합하여 1975년 WCC의 나이로비 총회에서 토마스는 "그리스도 중심적 혼합주의"라는 개념을 제안하였다. 만약 우리가 토마스가 말한 "그리스도 중심적 혼합주의"에 대해 단지 피상적인 시각만을 갖는다면, 그 개념을 오해하고 잘못

---

18 George Zachariah in Athyal, Zachariah, and Melanchthon, ed., *The Life, Legacy and Theology of M. M. Thomas*, 95.

판단하기 너무나 쉽다. 그리스도 중심적 혼합주의를 말할 때 토마스의 의도는 하나님의 주권에 대한 부인도 아니고, 십자가에 못 박힌 하나님에 대한 거부도 아니었다. 그는 분명하고 일관적인 원칙으로서 예수 그리스도를 신앙의 중심에 세우고, 그런 중심성을 가지고 그리스도 중심적 혼합주의가 그리스도인들로 하여금 문화적이고 종교적인 수준에서 타 문화, 타 종교와의 상호통찰(interpenetration)에 대하여 개방적이고 솔직할 수 있도록 도울 것이라 믿었던 것이다.[19] 우리가 토마스의 삶을 이해하고 그의 신앙을 세속적 휴머니즘의 맥락에서 신중히 해석한다면, 추상적 개념으로서의 휴머니티가 아닌 그리스도에 대한 헌신적인 신앙을 가지고 "새 창조"를 꿈꾸는 그를 볼 수 있다.

따라서 토마스에게 행동하는 신학의 의도와 목적은 인류 전 공동체를 위한 생산적인 목표를 모든 종교, 모든 이념들과 공유하고 이 세상에 필수적인 사회적 변화들을 지향하며 "새 휴머니티"를 실현하고 "새 창조"를 이루는 것이란 사실은 분명하다. 그는 기독교 신앙이 가지고 있는 인도적 본성(humanizing nature)을 세상이 주목하길 원했다. 그러므로 이 시대의 신학은 토마스의 신학적 유산을 가지고 종교적이고 세속적인 맥락 안에서 살아 있는 이야기(living stories)를 담아내며, 현 세상의 시대적 상황들 안에서 다시 살아난

---

19 같은 책.

예수 그리스도의 복음을 선포해야 한다. 이런 복음의 선포를 위해서 우리는 우리의 신앙고백을 보다 명확하게 할 필요가 있다. 우리가 "예수 그리스도는 주님이시다"라고 고백한다면, 이는 새 휴머니티에 대한 우리의 신학적 숙고와 관련하여 무슨 의미를 갖는가? 이에 대해 뉴비긴은 다음과 같은 큰 통찰을 제공한다. "'예수는 주님이시다'라는 고백은 개인적 고백의 차원이 아니고, 철학, 문화 그리고 정치적 세상의 모든 현실 안에서 선(goodness)을 만들고자 하는 헌신을 내포한다. 왜냐하면 초대 교회 시대에 '예수는 주님이시다'라는 고백은 인류의 모든 공적 삶과 전 창조세계를 아우르는 담대한 주장이었기 때문이다."[20]

결론적으로 현대 그리스도인의 과업은 예수가 모든 창조세계의 주라는 고백을 가지고 이 세상 안에서 **신학을 하는 것**(to do theology)이다. 더 나아가, 우리가 예수는 우리 삶의 주님이라고 고백한다면, 우리는 그의 종인 것이 분명하다. 이런 고백을 하는 교회 또한 우리 삶의 주님을 이 땅에 보내신 하나님의 종이다. 이런 원리가 바로 토마스가 그리스도인이 인지하기를 간절히 원했던 새 휴머니티의 정당성이다. 예수 그리스도가 세상의 모든 인간의 삶과 깊은 관련이 있듯이, 그분의 종으로서 우리 그리스도인들 역시 토마스가 실현하기를 간절히 열망하였던 "새 창조"를 실현해 나가며 우

---

20 Newbigin. *The Open Secret.* 17.

리의 세상을 이해하고 관계를 맺어 가는 것에 부름을 받은 것이다.

3. 토마스의 신학을 넘어서

20세기 에큐메니칼 역사는 선지자적 운동으로 에큐메니즘을 재구성한 토마스의 대담한 비전을 담고 있다. 정의에 대한 지대한 관심과 통찰력 있는 신학적 질문을 가지고 에큐메니칼 운동의 지평을 넓혔던 그의 노력은 하나님의 교회에 대한 그의 독특한 인식을 끊임없이 드러내 보인다. 토마스는 정의에 관하여 여러 타 종교의 신앙과 기독교 신앙이 필연적으로 교차한다고 보았고, 이에 따라 서로 긍정적으로 상호작용해야 한다고 생각했다.[21]

정의에 대한 토마스의 관심은 세상에 있는 그리고 우리 이웃에 엄연히 존재하는 타 종교 신앙들과 절대로 분리되어 표현되지 않았다. 이에 대해 페니엘 라쿠마르는 "토마스의 관심은 종교 간 교류를 넘어, 스스로를 종교로 규정하지 않는 사회 이념들 조차 아우르는 포용적 교류의 강조였다"라고 말한다.[22] 우리가 이 책의 내용을 마무리하는 시점에서, 종교 간의 차원을 가지고 어떻게 토마스 그리

---

21 Peniel J. R. Rajkumar in Athyal, Zachariah, and Melanchthon, ed., *The Life, Legacy and Theology of M. M. Thomas*, 269.

22 같은 책.

스도론의 핵심적 요소들이 현재 21세기 상황에서 끊임없이 변화하는 시대적 요구를 위한 담론에 기여할 수 있는지 분석하고자 한다.

소통의 힘을 가진 신학

토마스의 신학은 매우 소통적이었다. 그래서 신학적 사고를 하는 과정 속에서 소통의 능력이 탁월했던 그는 양극단으로 가지 않을 수 있었다. 토마스는 그의 신학적 관심을 세상과 밀접한 사안들에 가까이 두어 하나님 나라를 인간의 사회로부터 분리하는 위험을 피할 수 있었고, 그러면서 다른 한편으로는 그리스도가 머리된 교회를 사회의 예속으로 이끄는 어수룩한 방식으로 인간 사회에 끼어 맞추는 정반대의 극단도 피할 수 있었다. 이러한 이유로 토마스는 그리스도의 모순적인 두 역할, 즉 인간 사회를 심판하기도 하며 동시에 구원하기도 하는 양면성을 그리스도인들이 받아들이길 바랐다. 이러한 신학적 사명을 가지고 그는 양 극단의 신학적 태도에서 균형을 잡으려고 노력하였고, 그러기에 그의 신학에서 그리스도 중심적 접근 방식을 고수하였던 것이다. 토마스는 "그리스도의 약속"을 건설적인 사회적, 신학적 과업으로 바꾸며 그가 살던 시대의 사람들의 수많은 삶의 현장 안에서 그분의 약속을 인식하였다. 이러한 그의 인식은 1961년 인도 뉴델리에서 개최된 WCC 3차 총회에서 언급한 말에 잘 드러나 있다.

이 시대의 염원과 삶의 현장 안에서 그리스도를 인식할 수 있는 자들이 바로 그리스도인이다. 이런 인식은 단지 삶에서 보이는 것에만 의존하지 않고 진실한 기독교 신앙에 의해 만들어진다. 그리고 우리의 신앙은 세상에 대한 통찰, 소망 그리고 우리의 동반자인 비기독교인들과 함께 인류 공동체의 사회적인 현존의 진리를 응시하고 그 진리를 함께 공유할 수 있는 능력으로 옮겨져야 한다. 그리고 이러한 믿음은 여러 세속적 이념의 악한 부분과 기독교를 포함한 세상의 여러 종교 안에서 발생하는 문제들 또한 바로 잡으며 현실적인 휴머니즘의 발전에 기여할 수 있다.[23]

토마스는 교회의 사명이 교회 스스로를 세속적 이념들로부터 구원하는 것이 아니라 확신하였고, 오히려 그런 세속적 이념들 '안에서' 그리스도의 약속과 심판, 양면이 다 인식되길 원했다. 이러한 노력으로 인해 기독교 메시지를 단순히 인간 사회의 이슈들에 위치시키지 않으며 교회의 사회적 과업에 대한 그리스도론적 접근 방식의 발달에 큰 공헌을 하였다. 토마스의 신념에 더불어 뉴비긴 역시 이렇게 주장한다. "우리는 전 인류문화에 대한 하나님의 목적, 수단 그리고 전조로써 각 문화의 부분에서 교회의 존재를 찾아야 한다."[24] 뉴비긴은 하나님의 교회가 인간의 각 문화 내에 존재

---

23 Thomas, *Contemporary Ecumenism*, 78-79.
24 Newbigin, *The Open Secret*, 163.

하는 긴장과 갈등에 적극적으로 관여한다고 말하는 것이다.

토마스의 신학은 수많은 인도주의적 결과들을 내놓았기에 분명 그 공이 크다. 또한 토마스나 뉴비긴 같은 몇몇 신학자들의 노력 덕분에, 현대의 많은 그리스도인들은 기독교 신앙이 인간의 다양한 사회적, 문화적 업적과 소통하는 것이 중요하다는 것을 인정하기 시작하였다. 토마스의 소통적 힘은 그런 중요성이 지나친 사회적 유폐의 위험에 빠지지 않고 인간 사회에 얼마나 적절히 반영되는지에 대해 끊임없이 물으며 오늘날에도 계속해서 평가될 것이다.

그리스도 중심성(Christocentricity)

예수 그리스도의 역사성과 예수의 육체적 부활에 대한 확신은 토마스가 말하는 그리스도론의 핵심이다. 그런 확신에 근거하여 토마스는 기독교 신앙과 세속적 이념 사이에서 '다리 놓는 신학'을 하고자 했다.[25] 그런 시도는 실로 용감한 신학적 도전이었다. 토마스는 '새 창조'의 근원이자, 기준이자, 목적이신 예수 그리스도를 가리키며 기독교 신앙과 세상의 이념 사이에 있는 교차로에 서 있었던 것이다. 그 교차로에서 그는 세상의 이념들이 도덕적 원칙, 이해 타산에 맞는 원칙에 대한 절대적 당위성을 스스로 가지고 끝없이

---

25 Philip, *The Encounter,* 154.

자기 의로움을 추구한다는 악한 속성을 절대로 간과하지 않았다.

토마스는 오늘날의 기독교인들에게 그리스도 중심성을 다시 한번 상기시키며 그의 고민에 함께 참여하기를 요청한다. 토마스는 그 자신을 복음의 핵심에 두 다리를 단단히 고정하며 기독교 신앙과 세상의 이념 사이의 교차로에서 세상을 신학화하기 위해 일평생 헌신하였고, 그 풍성한 결과를 우리에게 주었다. 조쉬 (Joshi) 주교를 기념하는 한 강연에서 토마스는 그의 강연을 마치며 이렇게 말하였다.

> 예수 그리스도에게 절대적으로 헌신하는 기독교인들은 어떠한 이념이나, 문화나 혹은 법칙이나 심지어 종교까지도 절대화할 수 없다. 그들은 그들만의 신앙을 고백할 수는 있지만, 기독교 신앙의 본질은 그들의 고백을 초월한다. 유일한 주님으로 그리스도를 예배하는 교회는 늘 새로운 시대적 상황 속에서 직면하는 다양한 세상의 이념, 문화, 법 그리고 종교들을 활용하고 갱신하며 새로운 신앙의 고백을 찾는다.26

토마스는 신앙의 방식과 인간 역사의 방식을 서로 화합시키며 그 둘 사이에 있는 역동적이고 변증법적인 관계를 꿈꾸었던 인물이다. 그 관계는 휴머니즘의 실현을 향한 인류 역사의 몸부림에

---

26 M. M. Thomas, *Faith and Ideology*, 50; as quoted in Philip, *The Encounter*, 156.

참여하는 것을 통해 교회가 그들의 신앙, 즉 예수 그리스도를 세상과 소통시키는 것이었다. 이 시대에서 그리스도 중심성을 다시 숙고하는 것은 이 시대 속에서 예수 그리스도 십자가의 정치적, 사회적, 문화적 메시지를 탐구해가는 것이고, 또한 십자가의 비전과 함께 휴머니즘을 위한 연대를 그리스도 안에서 찾아가는 신앙이 될수 있을 것이다.

토마스의 신학을 넘어서

종교에 대한 토마스의 대담한 사고는 에큐메니칼 운동의 발달에 크게 영향을 끼쳤기 때문에, 그 사고의 근원을 알아보는 것은 상당한 의미가 있다. 우리가 이 책의 전반에 걸쳐 살펴보았듯이, 토마스에게 정의에 대한 그의 열정을 타 종교 신자들과의 긍정적 관계로 연결시키는 중요한 신학적 전제는 그리스도론이다. *My Pilgrimage in Mission*이라는 제목이 붙은 짧은 자서전적 노트에서 토마스는 어떻게 그가 그의 친구 M. A. Thomas와 함께 'Inter- Religious Student Fellowship'(IRSF)에서 일하게 되었는지 다음과 같이 말하며 회상한다.

IRSF는 수많은 생산적인 논의 거리들을 만들어 냈다. 나의 동료 M. A. Thomas와 나는 이(異)종교적 배경에서 그리스도의 진리와 의미에 관하여 함께 논의하는 것에 많은 시간을 보냈다. 사실 그 시간들은 당시까지 해오던 그리스도론에 관한 나의 생각과 다소 어긋나는 것이었다. 하지만 IRSF에서의 보낸 시간들은 나의 지적, 영적 몸부림이자 성장의 시간이었다. 그 시간들을 통해 정리된 나의 생각은 인간의 역사 안에서 사랑과 정의를 향한 모든 종교 안에 있는 하나님의 역사가 전개됨을 인정하며 그리고 하나님 나라 운동을 위해 십자가에 못 박히신 예수를 단언하며, <The Reality of the Cross>에 기록하였다.

IRSF에서 보낸 시간을 통해 얻게 된 그리스도론적 체계는 그의 신학의 중요한 개념들, 즉 새 휴머니티, 예수 그리스도의 주권, 타종교에 대한 그리스도 중심적인 인도주의적 접근, 그리스도 중심적 혼합주의, 새 창조, 오늘날의 부활, 이러한 개념들을 만들어 냈고, 인류 공동체에 유익하고 생산적인 방식으로 사회정의를 이루기 위한 종교 간 관계를 풍성케 하는 신학적 방식들을 만들어 내었다. 다시 말해, 그리스도론은 종교 간 관계에 대한 토마스의 인식론적 전제를 구성한 것이다.

인간 삶의 다양한 차원에 연관된 여러 사안들에 기독교의 적극적인 참여를 촉진한 CISRS의 설립자인 디바난단은 토마스의 핵심 멘토였다. 디바난단의 신학은 제도적인 교회를 넘어서는 선교의 신학적 본질을 이해하며, 또한 더 온전한 인간의 삶을 향한 인도의 국가적 재건이 기독교 선교의 지시라는 것을 인식하며 교회와 타종교 공동체들과의 상호 관계성을 깊이 고려하였던 '대화의 신학'

이었다.[27] 디바난단의 신학적 신념과 헌신은 타 종교와의 관계에 대한 토마스의 신학에 대단히 큰 영향을 끼쳤다. 그리고 디바난단에 의해 영향을 받은 토마스의 비전은 오늘날 기독교인들에게도 대화의 신학을 탐구해 나갈 수 있도록 돕는다.

일부 독실한 기독교인은 아마 이렇게 말할 수 있을 것이다. "예수 그리스도 안에서 하나님의 복음을 공유하는 것만이 세상 안에 있는 교회 존재의 정당성이다!" 하지만 우리는 다음과 같은 질문을 스스로에게 반드시 던져봐야 한다. "유일한 진리의 일방적인 선포가 혹여 진리의 독점적 소유의 오만한 주장으로 비춰지며 인류 안에서 진정한 공동체를 만드는 데에 아무런 기여를 못 하고 있지는 않은가?" 이는 당연히 예수의 복음을 포기하자는 것도 아니고, 기독교인의 복음 선포가 언제나 오만하다고 말하는 것도 아니다. 복음주의 신학자 존 스토트가 말하듯, 기독교의 진정한 복음 선포는 예수 그리스도를 우리 스스로의 소유적 우월성을 과시하기 위한 어떠한 행위가 아니고, 유일한 구원자이자 우리 삶의 주님으로서 고백하는 것이다.[28] 타 종교인들도 하나님의 형상대로 만들어진 귀한 인간이다. 우리의 고백이 있듯이, 그들 또한 진솔하고 정직한 고백이 있다. 그들의 고백을 경청하며 배울 부분은 배우면서 서로

---

27 M. M. Thomas, 'My Pilgrimage in Justice' in *International Bulletin of Missionary Research*, vol. 13, 1989, 272.

28 Stott and Wright, *Christian Mission in the Modern World*, 109.

를 존중하는 것이 진정 하나님의 형상 받은 인간을 존중하는 마음일 것이다. 이런 태도가 바로 그리스도인의 겸손일 것이다.

우리가 자신감 넘치는 비판을 한다고 해서 값을 매길 수조차 없는 타 종교인들의 귀중한 종교적 헌신과 신념들을 무가치한 것으로 만들 수 있나? 그게 과연 세상 속에서 빛의 자녀로 살아가야 하는 그리스도인의 정당한 태도인가? 우리의 마음과 신앙 속에는 어느 정도 불변의 우월감이 있음을 인지해야 한다. 새 휴머니티를 추구하는 타 종교 공동체들과 교회의 상호관계성에 대한 인식은 겸손하게 "타인"을 이해하고 인정하는 것에서 출발한다. 시대적 법권력에 의해 십자가에 못 박히시고, 다시 살아나셔서 하나님의 보좌 우편에 앉으시고, 모든 것을 심판하러 다시 오실 그리스도의 복음은 타 종교의 모든 신앙을 철저히 거부하고 부딪칠 수 있다. 우리는 이것을 피할 수 없다. 이것은 진리다. 하지만 타 종교인들과의 긴장과 대립은 거만하거나 적대적이어서는 안 된다. 여기서 말하고자 하는 것은 신앙과 신념에 대한 것이 아니고 태도의 문제다. 사도 바울은 이렇게 말한다. "아무 일에든지 다툼이나 허영으로 하지 말고 오직 겸손한 마음으로 각각 자기보다 남을 낮게 여기고"(빌 2:3). 그리스도인은 타 종교인과의 관계에서 겸손해야 한다. 왜냐하면 우리가 우리 인생의 주라 고백하는 예수 그리스도가 완전한 하나님이셨지만 세상과 타인인 인간을 위해 스스로 낮추며 겸손하셨기 때문이다.

너희 안에 이 마음을 품으라 곧 그리스도 예수의 마음이니, 그는 근본 하나님의 본체시나 하나님과 동등됨을 취할 것으로 여기지 아니하시고 오히려 자기를 비워 종의 형체를 가지사 사람들과 같이 되셨고, 사람의 모양으로 나타나사 자기를 낮추시고 죽기까지 복종하셨으니 곧 십자가에 죽으심이라(빌 2:5-8절).

토마스의 신학적 과업과 비전은 진정 용감한 겸손을 보여준다. 토마스의 신학적 사고는 각 종교가 가지고 있는 유익함과 무익함 양쪽 모두의 교훈을 통해 지금 우리의 신학적 사고를 풍성케 하도록 도울 수 있다.

마지막으로, 토마스의 신학적 유산은 그리스도인으로 하여금 사회정의를 추구하게 할 뿐만 아니라, 여러 종교 사이에 있는 폭력적 긴장들을 완화하는 것에도 중요한 역할을 할 수 있다. 1968년 1월 27일, 가톨릭 그룹과 정교회 그룹, 개신교 그룹 그리고 무슬림 그룹이 영국의 셀리오크대학에서 다 함께 만났다. 그 모임에서 한 보고서가 만들어졌는데, 보고서는 이렇게 말한다.

"우리는 인간에 대한 봉사와 하나님에 대한 의식 안에서, 서로의 대화와 하나님과의 교제 속에서, 무슬림과 기독교인의 더 발전된 관계와 더 깊은 조화를 위해 함께 일하고 기도하기를 고대한다."[29]

모든 그리스도인은 우리 주님 예수 그리스도께서 "너희에게 평강이 있을지어다"(요 20:19)라고 말씀하셨기에 하나님의 임재의 결과 중 하나가 평화라는 것을 이미 알고 있다. 또한 우리는 종종 그리스도인들끼리 서로에게 이렇게 말하기도 한다. "하나님의 평화가 당신과 함께 있기를 바랍니다."[30] 우리가 그리스도 안에서 끊임없이 새 휴머니티 그리고 새 창조를 추구해 간다면 다른 종교에 대한 배타적 태도와 고정관념, 편견을 극복하고 다양한 종교 공동체 사이에서 하나님의 평화를 이룰 수 있지 않을까 하는 기대를 갖는다.

---

29 Samartha, *Courage for Dialogue*, 4.

30 "May God's peace be with you"라는 표현은 미국에서 기독교인들끼리 흔하게 쓰는 표현이다.

참고문헌

Aleaz, K.P. "Some Features of Dalit Theology" in *Asia Journal of Theology*, 18:1, April 2004.

Athyal, Jesudas M. & Zachariah, George & Melanchthon, Monica. *The Life, Legacy and Theology of M. M. Thomas.* New York: Routledge, ed. 2016.

Barth, Karl. *The Epistle to the Romans.* London, UK: Oxford University Press, 1933.

D' Costa, Gavin. *Christian Uniqueness Reconsidered: The Myth of a Pluralistic Theology of Religions.* New York: Orbis Books, 1990.

Dharmaraj, Jacob S. *Colonialism and Christian Mission: Postcolonial Reflections.* India, Delhi: the Indian Society for Promoting Christian Knowledge, 1993.

Dupuis, Jacques. *Christianity and the Religions: From Confrontation to dialogue.* New York: Orbis Books, 2002.

Gandhi, Mahatma. *The Message of Jesus Christ,* Herndon: Greenleaf Books, 1980.

Gandhi, Mohandas K. *Autobiography: The Story of My Experiments with Truth.* New York: Dover Publications, 1983.

Hick, John. *A Christian Theology of Religions: The Rainbow of Faiths.* Louisville: Westminster John Knox, 1995.

Hick, John and Hebblethwaite, Brian, revised edition *Christianity and Other Religions: Selected Readings.* Oxford: Oneworld, eds. 2001.

Kaufman, Gordon D. *The Theological Imagination: Constructing the Concept of God.* Philadelphia: Westminster Press, 1981.

King, Martin Luther Jr. July 1959. "My Trip to the land of Gandhi" in *Ebony magazine,* Chicago.

McDermott, Gerald and Netland, Harold. *A Trinitarian Theology of Religions: An Evangelical Proposal.* New York: Oxford University Press, 2014.

Netland, Harold A. *Dissonant Voices: Religious Pluralism and the Question of Truth.* Grand Rapids: Wm. B. Eerdmans Publishing Co, 991.

Newbigin, Lesslie. *The Gospel in a Pluralist Society.* Grand Rapids: Wm. B. Eerdmans Publishing Co, 1989.

_____. *The Open Secret: An Introduction to the Theology of Mission.* Grand Rapids: Wm.

B. Eerdmans Publishing Co, 1995.

Philip, T. M. *The Encounter Between Theology and Ideology: An Exploration into the Communicative Theology of M. M. Thomas.* Madras, India: The Christian Literature Society, 1986.

Rajkumar, Peniel. *Dalit Theology and Dalit Liberation: Problems, Paradigms and Possibilities.* Burlington: Ashgate Publishing Company, 2010.

Robinson, Bob. *Christians Meeting Hindus: An Analysis and Theological Critique of the Hindu-Christian Encounter in India.* Eugene: Wipf and Stock Publishers, 2004.

Samartha, S. J. *Courage for Dialogue.* Geneva: World Council of Churches, 1981.

Satyavrata, Ivan M. *God Has Not Left Himself Without Witness,* Eugene: Wipf and Stock Publishers, 2011.

Samuel, George. "The Prospects and the challenges of ecclesiology in the contemporary Indian context with special reference to the theology of M. M. Thomas" Ph.D diss., The Lutheran School of Theology at Chicago, Chicago, June 2002.

Schmidt-Leukel, Perry. *Religious Pluralism and Interreligious Theology.* Maryknoll, NY: Orbis Books, 2017.

Stott, John and Wright, Christopher J. H. *Christian Mission in the Modern World.* Downers Grove: IVP, 2015.

Thomas, M. M. *The Acknowledged Christ of the Indian Renaissance.* London, UK: SCM Press, 1970.

_____. "Faith Seeking Understanding and Responsibility," unpublished manuscript at the United Theological College Library. India, Bangalore, 1971.

_____. "Salvation and Humanization: A Crucial Issue in the Theology of Mission for India" in *International Review of Mission,* vol. 60 (237) 25-38, 1971.

_____. "Towards an Indian Understanding of Jesus Christ", in *The Indian Church: Identity and Fulfillment.* Madras: The Christian Literature Society, 1971.

_____. *Man and the Universe of Faiths.* Madras, India: The Christian Literature Society, 1975.

_____. *New Creation in Christ: Twelve Selected Sermons Given on Various Occasions* Delhi, India: ISPCK, 1976.

_____. *Towards a Theology of Contemporary Ecumenism.* India, Madras: The Christian Literature Society, 1978.

_____. *Ideological Quest within Christian Commitment.* India, Madras: The Christian Literature Society, 1983.

_____. *Risking Christ for Christ's Sake.* Geneva, Switzerland: WCC Publications, 1987.